如果有人問起你的夢想，請不要說謊，也不要沉默，
請大方誠實地說：我不知道，所以我正在找！

# 旅行是最好的學習

安時俊◎著
王品涵◎譯

【序言】

# 旅行，遇見眞正人生的時光

不拘國內外，我造訪過許多地方。爲了讓更多需要人生轉捩點，或煩惱未來發展的人知道「空檔年」（Gap Year），實爲選擇暫停腳步，探索自己眞正想做的事，並開發更多空檔年相關課程，我必須跑遍全世界完成這份工作。每當提及我的工作時，人們總是羨慕不已。然而，爲了開發課程的旅行，其實與大家認知的一般旅行有些落差。除了得不斷換乘飛機、巴士、火車、船等交通工具，還可能因爲預約延遲或取消，動輒等上數小時，甚至數日。有時，漫長的等待，讓人累得索性昏睡在根本不知身處何方的路邊；有時，坐在別人家牆邊，只爲了偷用無線網路……

選擇如此艱苦的旅行，只爲一個理由：讓每個人都能透過空檔年找到夢想。旅遊地的旅遊課程、教育機構的教育課程、弱勢地區的志工課程、最嚮往企業的實習課程……我的工作就是開設、介紹這些課程，並與需要的人連結。向需要休息與靈感的人，提供適合的旅程；向需要學習與成長的人，提供教育課程；向需要情緒變換與療癒的人，提供志工活動；向需要成就與未來發展的人，提供實習機會。**藉由多樣化機會，為自己的人生帶來變化**。

將落實空檔年文化訂爲人生目標的契機，不是其他，正是源自一趟旅程。二十歲的那趟窮遊，徹底改變我的人生。那時，衣服、水瓶、鹽、一張地圖，已是我的全部行李。

經歷五次韓國國內窮遊後，再以日本做爲跳板，爲了探索更爲寬闊的世界，我啓程走向全世界。歷時十六個月，遊遍五大陸，三十九國，曾經挫敗，曾經身陷險境——搶劫、綁架、交通意外、詐騙、地震、足球賽後暴動等，一輩子恐怕一次都很難遇上的事，居然接二連三發生在我身上。即使旅行過程時刻都在憂慮睡覺的地方、食物，這些東西卻也成爲自己不得不與他人接觸的要件。置身人群之中，親眼所見，親耳所聞，親身所感，正是體悟這個花花世界的最快方法。

在韓國或日本旅行時，用一天勞力換一天糧食，絕對可行。然而，想在美洲大陸用一天勞力換一天糧食，卻變得難如登天。在美洲，人們將「勞力」看得相當神聖。對他們而言，靠勞力換幾口飯吃的提案，對勞力無疑是一種侮辱，因此經常換得一頓痛罵。不知是否因為如此，遊遍世界各地，墨西哥是最令我印象深刻的地方，甚至有種踏入韓國某個鄉村的錯覺。墨西哥人恰如一般鄉村人，有著大剌剌且純樸的性格，無論對待朋友或陌生人，總是隨興、毫無保留，不知不覺卸下我緊繃的神經，盡情享受與他們相處的時間。

一年四個月的旅程，遇見許多人，經歷許多事，大大治癒了自己在韓國社會曾受過的傷害與陰影。現在，道道痊癒的傷口，反而成為滋潤我的養分。如果說踏上旅途前的我，就像緊緊抓著手中冰淇淋，不想分給任何人的孩子，那麼踏上旅途後的我，便成了樂意伸出手中冰淇淋與他人分享的人。

旅行，徹底改變了那個滿腦子偏見、個性固執且傲慢的我。藉由旅行，認識了難以數計的人，讓我的身段變得柔軟，個性變得寬容。**最重要的是，學會了愛自己原有模樣的方法，也學會了時時保持笑容**。因為我知道，一抹淡淡的微笑，便足以讓自己與對方都變得快樂。透過旅行，獲得這些或大或小的變化，無意識地滲透我的身心靈，形塑了現在的我的人生。

回顧旅行過程，經歷的樂事遠比苦事來得多。那段時間，是我獨享的空檔年。而我獨享的空檔年，使我成長，使我變成一個大人，使我變得快樂。結束旅程返國後，開始思索我能爲自己、爲這個世界做些什麼？於是，我想將改變自己的空檔年，呈獻給所有人。

我希望，**每個人都能因為做著自己喜歡的事，而活得幸福**。辛辛苦苦讀書，是因爲深信只要咬牙撐過去，就能換來自己理想的未來。可是，卻從未思考過自己「究竟是什麼樣的人？」「喜歡什麼？」「對什麼感興趣？」「擅長做什麼？」等諸如此類的個人特質。一味迎合眾人的掌聲，是很難實踐自己眞正想要的人生。

如果想找尋自己眞正想做的事，必須擁有屬於自己的時間。**「夢想」與「空想」是截然不同的兩回事**。**為了實現夢想，「變化」不可或缺**。正如體態於成長過程改變，便需換穿新衣般，若渴望改變既有生活，同樣得拋棄舊有的思考模式，創造嶄新的框架。

爲此，我們需要擁有三要素：時間、環境、勇氣。**假如大家夢想生活產生改變，請送給自己「時間、環境、勇氣」**。

我認爲，**得到這份禮物的最佳方法是「旅行」**。當然，沒必要非得像我一樣選擇窮遊。希望大家能花時間想想自己適合什麼樣的旅行，並實際選擇適合自己的旅行。置身自行選擇的時間與環境之中，鼓起勇氣擁抱空檔年。在什麼樣的地方、過了什麼樣的生活，這段時光，將成就我們遇見眞正的人生。

# 目錄

## Part3 將旅途中發現的夢想，付諸實踐

## Part4 尋找自我，探索未來的時間——空檔年

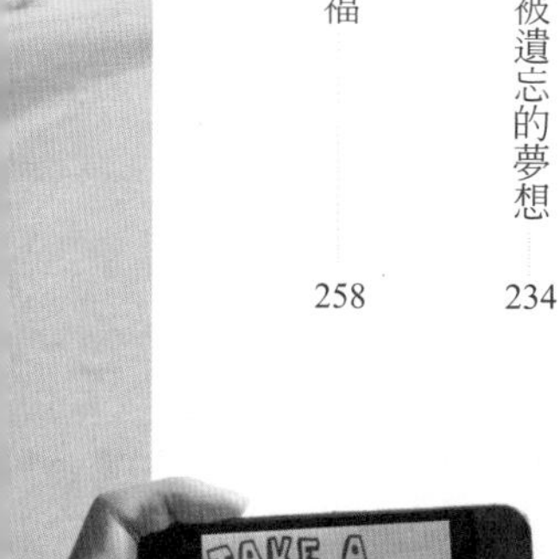

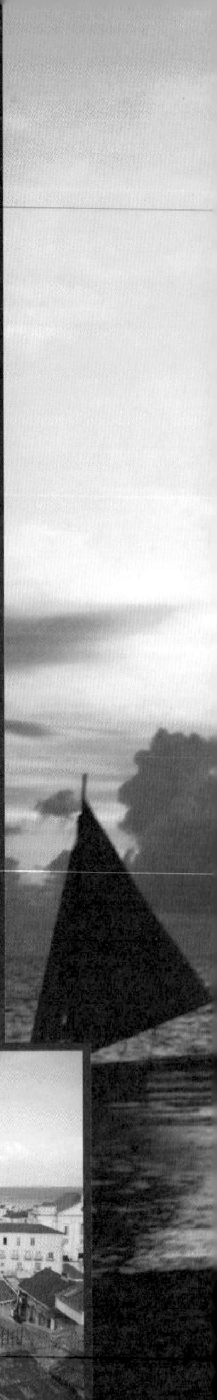

Part 1

# 選擇窮遊，

# 取代

# 華麗的履歷

# 開始，需要的僅是一步的勇氣

直到二十歲那年踏上旅途前，我的人生不曾爲了什麼感到太大的憂慮。家人與身邊朋友常說我是個心高氣傲的人。小時候，曾因搗蛋惹怒父母，只穿著一條內褲被趕出家門。不過，當時的我並沒有因此感到害怕，當然也沒有哭著向父母求饒這回事。因爲我知道只要自己在門口死撐，時間就會解決一切。一、兩小時後，媽媽自然會開門要我進去的往例，無疑成了自己判斷眼前局勢的經驗值。當然，我也堅信他們不會忍心把自己的孩子放在門外太久。

「把我放在門外受罰，損失的是比我更多人認識的爸爸，我又沒什麼損失。」

稚嫩的心靈，卻已懂得如此計算。不知爲何，某個住在附近的老人家見到我受罰的模樣後，鄰里間開始出現這樣的傳聞：

「那小子膽子滿大的！」

後來，「大膽」這個形容詞經常出現在我身上。然而，直到高二那年，我才正式攀上所謂「大膽」的巔峰。那時，相較於課本，我更著迷閱讀關於談判或管理的書籍。自然而然，開始有了想做生意的念頭。實驗書本理論之餘，也想眞的親力親爲做點生意。於是，我開始收購、販售二手手機。以一個學生而言，當時的利潤已經稱得上是賺了一大筆錢。既沒有經驗，懂得也不多，卻能在一開始就成功獲利，大大提升了我的信心。因此，我浮現「沒什麼必要念大學」的想法。

然而，父母的主張卻有所不同。無論打算經商或創業，進大學主修管理或許會是比較好的選擇。爲了前途發展，那段時期天天和父母大打氣氛緊繃的心理戰，不曾試著敞開心胸溝通。直到某天，爸爸冷不防拿出一張千元韓幣（約台幣三十元）。

「這是什麼？」

「韓幣一千元。從今天起，你每天拿著這一千元去市場。」

「去市場做什麼？」

「你要做生意或做什麼都好，隨便你，反正你每天只能花一千元。」

我欣然接受爸爸的提議。我清楚爸爸心裡盤算的是「只要我實際做過生意，就會打消經商念頭」。不出爸爸所料，想用一千元搞定一日三餐已是個大難題，遑論做什麼生意了。我甚至試過，靠一包鯛魚燒撐過一整天。然而，卻從未改變自己不想念大學，直接從商的想法，更不想就此向爸爸舉白旗。

因此，我和父母的矛盾越來越嚴重。我走我的路，父母操父母的心，漸行漸遠。直到高二那年冬天，我下定決心離家出走。我無畏無懼，一心只想著上首爾，拜託那些事業有成的人，讓自己跟在他們身邊做事。與其坐在書桌前讀死書，活生生的世界才是我眞正想闖蕩的。我堅信，這是成功立足社會的最快捷徑。

一下定決心，我隨即變得焦急，再也不想浪費一分一秒。打了兩星期工，再跟朋友借了差額。一存到目標金額的那天，我毫無任何準備，立刻奔上首爾，只為了見見那些出現在《彭博商業週刊》（註：美國具指標性的著名商業雜誌。）的成功人士。

花了整整一個月，無論是事業有成的企業家，或是高利貸業者，什麼人我都見過了，卻始終找不到自己想要的答案。唯一得到的體悟是：社會長期累積的既有結構或框架，比想像中來得堅固許多。我想，自己不得不重回原有體系，只為換取更多時間。帶著滿滿好奇心開啓的一個月離家出走之行，就此落幕。

二十歲那年，如父母所願考上企管系，卻對在大學所學的管理學絲毫不感興趣。就在迷糊徬徨之際，迎來了上大學後的第一個暑假。漫長的假期，我實在無法忍受時間就這麼流逝。爲了不想眼睜睜看著時間溜走，我決定離家旅行。就在此時，網路搜尋列跳出「**窮遊**」一詞。可是，無論怎麼變換關聯詞，始終找不到任何比較特別的心得文或資訊。

「沒錢的話，有可能旅行長達三十天嗎？沒飯吃怎麼辦？要在哪裡睡覺？」些許憂慮在心底萌芽，那是種前所未有的情緒。直到那時，我才總算明白一件事，自己之所以能不知天高地厚地誇耀自己「大膽」，其實全因受到來自家人與社會的無形圍籬所保護。正如小時候即便被趕出家門，我清楚只要時間一過，自然能再回家，所以大可安心待在家門口等待般。

我想，是時候離開圍籬了。爲了撫平憂慮，我需要一些對策。於是，我向七名好友提出旅行計畫。彷彿非得昭告天下，自己才肯眞的啓程似的。只是，沒有任何一名朋友積極地認爲這趟旅行存在成功的可能性。

時間過得越久，我的好勝心越是高漲。既然已經昭告天下，爲了捍衛尊嚴，我決心讓這趟窮遊非成功不可。原本預設會投反對票的父母，意外地輕鬆放行。我猜，他們大概覺得沒帶錢去旅行的我，勢必撐不了三天就會自己乖乖回家。

出發前一天，我整夜睡睡醒醒，輾轉難眠。出發當天早上，陰涼的清晨空氣猛地喚醒了我。簡便衣物、水、鹽、一張全國地圖，已是我全部的行李。踏出家門，深深吸了一口氣後，雙腳踏上腳踏車踏板，朝著目的地前進。

「反正萬一覺得很辛苦，隨時可以回頭。今天就盡情往前衝吧！」我放聲大叫。我有的只是一輛腳踏車與雙腳。加快踩踏腳踏車踏板的雙腳速度，心裡的憂慮也跟著消失。出發不久後，我發現了一個正在盡情奔跑的自己。專注奔跑，其實是件比想像中快樂許多的事。一步、一步……不知不覺，我已經自由自在地狂奔於這段自己所選，又名「旅行」的時光中。

途經滿布雜草的道路時，穿著短褲的雙腳被劃得全是傷痕；翻越數個高難度陡坡後，稍一鬆懈，立刻在最後一個坡上摔得四腳朝天；只要自以爲精力充沛，不按時休息的話，用不了多久就會發生意外。

有次，肚子眞的餓得不行，隨之下滑的體力，整個人幾乎被席捲而來的倦意吞沒。自從兩小時前，肚子開始發出咕嚕咕嚕聲，我就知道早已過了午餐時間許久。在我用盡最後一絲力氣繼續前行之際，赫然見到左前方有間餐廳。我朝著餐廳門口而去，卻說不出「可以給我一點飯嗎？」就這樣，我在門口徘徊了將近四十分鐘，腦海閃過五萬種念頭。

「原來想討頓韓幣五千元（約台幣一百五十元）的飯吃，需要這麼大的勇氣！」

突然想起了我的父母。霎時領悟賺錢養大孩子是件多麼辛苦的事，體內滾燙的哽咽情緒隨之翻湧而上。此時，有位阿姨從店裡走了出來。

「你爲什麼站在這裡？」

「我正在窮遊途中，不知道能不能要點飯吃？我可以幫忙做任何事！」我用微弱且畏縮的聲調說道。緊張的心情，就像小時候第一次打電話到中華料理店點外賣。我在五分鐘內清空阿姨準備的所有餐點。當時恰巧是阿姨結束午餐時段的生意，正在整理店內事務之際。我幫忙清洗堆在紅色大菜籃裡的無數湯筷，後來雙手還因此而抽筋……在家時，動不動因爲不想吃飯，甚至連坐在擺滿飯菜的餐桌前都不肯的我，這才知道**想靠自己要到一頓飯吃，原來這麼難……**

夕陽西沉，緊接而來的問題是住宿。莫名其妙跑到一般人家要求借宿，想必是絕對不可能成事。爲了打探附近哪裡有廟宇落腳，我問了幾位村裡的老人家。等到抵達第一間廟時，入夜的天色早已漆黑。即使白天已經反覆練習數次，實際開口始終不是件易事。

「我是在窮遊的學生，不知道能不能收留我一晚？」

「這裡不是那種地方。」

劈頭被賞了一碗閉門羹。但是，總不能因此熬夜不睡。於是，我前往第二間名爲「龍華寺」的廟。有了第一次被拒絕的經驗後，懷著再度被拒絕的擔憂，胸口悶得簡直喘不過氣。不過，既然廟名有個「勇」字（註：韓文中的「龍」與「勇」字拼法相同。），我決定試著鼓起更多勇氣。此時，正好有名年輕僧人從寺內走向庭院。我刻意用了格外爽朗的聲調，向他打招呼。

「你好！我是在窮遊的學生啦！不知道有沒有隨意的地方可以收留我一晚呢？」

僧人靜靜打量了我一下，表示必須先徵求大師父同意後，走回寺內。再次走出來的僧人，請我跟著他進房。那是間足以容納二十人的大房間。不久後，大師父走了過來。即使是涉世未深的我，也能感知眼前這股強大的能量。

「吃飯了嗎？」

「沒有……有……」我實在無法爽快應答。雖然肚子很餓，但已經得到住宿的我，眞的沒有臉再要求食物。大師父轉身，說了一句話：

「快跟我來。」

我匆忙換了衣服，跑出房門。宛若鄰家老奶奶般，親切的菩薩們正在準備飯菜，我趕緊跟著擺好餐桌、小菜、白飯。沒想到自己有機會一嚐從前僅有耳聞的「齋飯」，心裡滿是期待。我彷彿眞的變成菩薩們的孫子，備受照顧。那頓飯的味道，好甜。僅有野菜與白飯的晚餐，卻是御膳房的山珍海味也無從比擬。洗完餐具後，我在菩薩們身邊嘰嘰喳喳地講述那天的遊記。食宿問題一併解決，我也總算鬆了一口氣。平時沉默寡言的我，看著喋喋不休的自己，其實有點陌生。

入夜後，熄燈滅火，耳邊只聽得見莊嚴的木魚聲。原本有些難以入眠的我，瞬間陷入沉睡。究竟睡了多久呢？我自然地睜開雙眼，凌晨三點。我起身離開房間，見到僧人們正在準備禮佛。雙手合十，低頭祈願，誠心做著一百零八拜。我走回房間，清澈的木魚聲卻無休無盡，一聲聲敲擊著繚繞木賊草香（註：植物名，圓形管狀，呈草綠色，味道甘中帶苦。）的我的腦袋。

凌晨五點，我準備離開。菩薩們要我留下來一起吃早飯，但我眞的不能再欠他們人情了。無以爲報的我，只能以深深一鞠躬致意。此時，有位菩薩跟著我走了出來。

「不要這麼客氣，吃個便飯再走吧！」

「謝謝，我已經在此用餐，也睡了一夜好覺，眞的很滿足了。」

「眞固執……那你稍等一下。」

菩薩急忙走回寺內。正當我猶豫著該不該繼續等下去時，一轉過身，便聽見菩薩的呼喚。他將便當盒放進我的背包後，淺淺致意，即趕緊走回寺內。騎了腳踏車一陣子後，打開便當盒，裡面裝著野菜拌飯，飯菜滿是擔心我就此離開而匆匆打包的痕跡。我停下腳步，再次朝著龍華寺的方向，低頭鞠躬。

過去，從未有任何事能讓我自願低頭。一方面是自以爲是，一方面是託父母的福，日子一向過得無憂無慮，彷彿與生俱來擁有一切，目空一切地仰頭前行。從前只要帶著所謂的尊嚴與膽量，就很了不起一樣，總以爲向人低頭有損尊嚴。

天色漸明的早晨，暖陽灑落萬物，我再次踩著腳踏車踏板，龍華寺漸漸遠去。我用盡全身力氣轉動腳踏車踏板，思考著人生眞正的勇氣究竟是什麼。終於，我卸下了過去如盔甲般隨身裝備的傲氣。當時的我下定決心，**未來的每一分每一秒，自己都會傾注全力揮灑眞正的勇氣，而非傲氣。**

# 認識世界靠的是身體，而非頭腦

才過了幾天安穩日子，意想不到的伏兵現身狙擊——梅雨季降臨。腳踏車之旅遇到的梅雨季，遠比想像可怕。每踩一次踏板，湧入鞋內的雨水就像噴泉般噴洩；整個身體恰似一把雨傘，無處可躲地迎接滂沱大雨。

在雨中繼續騎了一、兩小時後，總算發現一個公車站。正當我跑進公車站躲雨，準備打開背包檢查時，才發現裡面簡直像是山洪爆發一樣。連日未曾好好清洗的身體汗漬混合雨水，全身上下開始散發一股霉味。當下無計可施的我，只能在公車站靜待雨停。置身滿不講理的大雨之中，除了等待，別無他法。「苦難總會過去」想起大人們經常講的話，無疑成了此情此景的最佳寫照。

幸好，雨勢漸歇。我牽著腳踏車，離開公車站。身體就像吸滿水分的棉花般，有著千萬斤重。一見到放置於路邊小店前的硬板床，積時累日的倦意猛地湧現，恨不得就地放棄此行。深怕躺上硬板床，便再也起不來的我，選擇暫時坐坐就好。有位媽媽輩的大嬸走了出來，用著不捨的眼神看了看我後，開口搭話：

「同學，你要去哪裡？」

「我在旅行。」

「旅行？天啊！什麼旅行要搞得這麼辛苦？你在這裡等等，我去煮點辣湯給你喝。」

「沒關係，我沒有錢……休息一下就走。」

「嘖，講什麼傻話！外面還下著雨，吃點東西暖暖身體才不會感冒。」

大嬸走進店內。我有些難爲情地坐在硬板床上，直到她端了一碗像泡麵的東西走出來。

「快趁熱吃，吃不完也沒關係。」

原來碗內不只是泡麵，還加了香菇和各種青菜等大量豐富食材，簡直像碗「泡麵大補帖」。能在飢腸轆轆加上淋得全身濕答答的狀態下，吃到一碗熱騰騰的泡麵，我嚼也不嚼，瘋也似的一口氣全呑下了肚。

「泡麵配飯吃才是最高境界。」

大嬸居然還拿出了白飯。

「謝謝招待，眞的太好吃了。」

大嬸一語不發，只是拍了拍我的背。懷著無論如何都得報答大嬸這頓飯的心，我幫忙清理了硬板床。大嬸雖然嘴巴叨唸著「雨還沒下完，清來幹嘛」，卻也沒強硬地阻止我動作。

大嬸和我並肩坐在硬板床上，天南地北聊著。即使在龍華寺也曾有過這種經驗，能與陌生人一來一往地自在閒聊，始終令人倍感驚奇。因爲眼前景象無疑是素來臉皮薄、話少的我，從來無法想像的。旅行途中，我原本以爲的那個「我」究竟去了哪——裡？只見**嶄新的「我」每每冷不防地現身**。

正當起身準備離開時，大嬸拿了一堆塑膠袋過來，仔細地替我層層裹覆背包裡的東西。最後，當我揮手致意，跨步騎上腳踏車的瞬間，晴天霹靂的事情降臨。唰——褲子破了。大概是淋了太多雨，布料一下子承受不住壓力裂開了。

當下，我就像個精神有問題的人，用手遮住屁股，東張西望地跑向無人之處。越慌張地怕被別人看見，越難脫下濕褲子。好不容易換好衣服後，我才鬆了一大口氣。這是最後一條褲子了，心裡暗自盼望接下來別再發生同樣的事。

常有人說，「旅行是人生的縮影」。因爲意料之外的事，隨時隨地都能發生。千辛萬苦攀爬上坡，不經意地抵達山之巔後，興奮狂奔下坡；唯有穿越峰迴路轉的林間小徑，才能擁抱綿延不絕的平原。

爲了跟隨眾人腳步，苦讀不知爲何而讀的書，時間就在莫名其妙中轉瞬即逝。然而，旅行的每一天，都令人覺得如此不捨。就算整天做的事只有吃飯、睡覺、騎腳踏車，卻全是自己的選擇。

雖說是自己所選，不過，可不是事事都盡如我意。即使旅途中偶爾能不費吹灰之力得到援手，但得不到任何幫助，只得靠自己解決問題的時刻同樣舉不勝舉。例如苦心計畫行程，不眠不休地前行，腳踏車卻突然爆胎……不能如我所願固然難受，但怎麼也比毫無意義地死讀書來得過癮與有趣。

「行就行，不行就不行。」

隨著日子一天、一天過，我開始學會坦然接受一切狀況。更神奇的是，**任何狀況好像都存在解決方法，而這些方法往往就在人身上**。身心靈俱疲的旅程，沿途隨時隨地都能遇到人，進而得到幫助。

旅行，一點一滴改變原則與主觀意識強烈的我的價值觀。自己開始接受只要有東西吃、有地方睡，便是値得讚嘆之事。起初，我只是將就；後來，我漸漸懂得感恩一路上幫助過自己的人。願意給我一碗熱飯、一夜住宿的人，往往不是自己擁有很多的人。住在小店、小房子的人，伸手給予的擁抱反而令人舒服、溫暖。有時他們給了太多食物，我得挺著早已撐脹的肚子繼續吃，不合自己口味的食物，我也得吃得津津有味，或許已是途中最甜蜜的煩惱。

有形的食物也好，無形的愛心也好，願意二話不說分享自己所有的心態，就是「愛」。即使我沒有支付費用，也沒有長得比較好看……**大大小小無私的愛改變了我**，從十幾歲起即被懷疑、猜忌封印內心世界的冰牆，開始緩緩融解。

高中時期的我，因嚴重過敏症狀纏身，即使想好好讀書也有心無力。校方甚至特許我蕁痲疹發作時，可以隨時離開教室透氣。當時的我，手裡從來不曾放開與談判、交談技巧相關的書籍。我對這些書籍的熱愛程度，遠勝於課本。閱讀之餘，同樣熱衷將書中理論實際應用於現實的我，出現了一個奇怪的想法：「大家是不是都爲了配合我預設的方向，改變自己的想法呢？」書本內容實際發生在現實生活，固然令人感到驚訝與有趣，只是時間一久，這些驚訝與有趣反而積累成一種詛咒。因爲，我開始對人心感到不

信任。

舉例來說，當走進一家炸雞店，自己可以透過談判方式讓老闆用一隻雞的價錢賣我兩隻雞。反覆試驗了幾次後，我漸漸變得不相信人，總覺得對方算計著自己若不願妥協便有所損失一樣，心裡老認爲對方肯算我便宜絕非眞心。當自己對一直堅信的社會體系與大人們產生動搖時，眼裡看到的一切都鋪滿了懷疑。雙眼彷彿只看得到人騙人、利用與被利用，心裡非常痛苦。

「我這麼蠢，根本再得不到更多……別人永遠擁有比較多。」

這樣的想法，在在衝擊與傷害著我，甚至決心要拚了命死守自己擁有的一切。然而，**一個關鍵性的轉捩點，讓我知道談判勝利並不代表一切**。某天，我再次利用熟練的談判技巧買到一副便宜眼鏡。後來才知道眼鏡行老闆是阿姨的朋友，而他也因此把我做的「好事」告訴了阿姨。當老闆與我交談時，一得知我學生身分的他，立刻決定給我折扣，回過頭才發現自己這筆生意根本不符成本。

「人家是做生意的人，如果你只顧自己的利益，而造成別人損失就不對了。」

阿姨特地找上門，循循善誘地向我說明。原來談判談得不好，其實會傷害別人一事，讓我有些不知所措，也一直爲此耿耿於懷。了解市場理論後，開始覺得用原價購物相當愚蠢。只是另一方面，那個打破市場既有規則，只顧追求利益的我，心裡並不好過。既不能相信自己的判斷，又不願跟隨其他人的腳步。轉動世界的並不只是單純的理論，更不容小覷。而我，不過是個小碟子，被捧在小小的手掌心上橫衝直撞罷了。

窮遊途中，我卻遇見了樂意與他人分享自己所有的人，打破了我的小碟子。他們願意無條件與素未謀面的我分享所有的這份心意，促使我也想與他人分享。直到那時，我才知道人的心，原來如此溫暖。

每當體悟這些事時，疲憊的身軀便能再次充滿能量。憑藉雙腳闖出的世界，使我興奮而快樂。我恍如重生般，渾身發熱，一步接著一步地踩著踏板。自出生以來，我第一次完整地感覺自己存在。遭遇比較、打擊後，死命握在雙手的自傲與自卑，漸漸解放。

**旅行，從根本改變了我**。過去就像破缸般怎麼填也填不滿的心，開始慢慢感覺充足，而填補破裂心底的元素正是「相信」，相信自己，相信世界。藉由旅行，我才知道認識世界靠的是身體，而非頭腦。

# 踏遍海南天涯海角學會的事

（註：海南天涯海角，位於韓國全羅南道海南郡，是韓半島的最南端。）

赤裸裸地衝進這個世界，莫名其妙開啓一趟旅程。一天不踩腳踏車踏板，我好像會立刻死去似的，只顧奮力前行。當我專注於腳踏車前輪，陣陣拂過身體的風，彷彿都是帶領自己前往另一個世界的嚮導。選擇造訪海南天涯海角，其實沒什麼特別理由，純粹因我決定了那裡就是旅途第一個目的地。

我想和別人的旅行不一樣，我想眞實感受這個世界，我想看看別人都是如何過生活。於是，開始進行窮遊前，我訂定三大原則：第一，不在同一個地方留宿兩次；第二，不去同一家吃飯；第三，一定要以勞力回報提供食、宿的地方。每當成功遵守規則時，我都爲隨之而來的成就感感到過癮無比。

我非常喜歡爲自己設定限制或規則。如此，我才能與別人不同，撰寫專屬於自己的故事。在成長過程中，這個習慣對形塑「我」造成很大影響。後來才知道，這種心態源**於對愛的渴望**。

成績優異的哥哥，對我而言是道巨牆般的存在，無論自己多努力，都不可能跟上哥哥的腳步。於是，小時候的我不得不找點其他方法，只爲得到父母的關心與愛。或許，是種本能反應吧？不知從何時開始，我總是非常專注於接收別人微不足道的稱讚。不知不覺，我開始爲了得到讚許與愛，耗盡心力。

有次，爸爸叫我去修熱水器的事，至今仍記憶猶新。我上網找了些資料，修好熱水器後，開始鑽研如何修理其他東西。獲得讚許後，沒完沒了地埋頭苦幹固然已經成爲習慣；不過，我想更重要的是，能完成哥哥做不到的事，**讓自己找回了自尊心**。

爲了得到關愛，著迷於鑽研某些特別對象的慣性，非我所願地日益茁壯，根深蒂固於體內。這些對象可以是人，是情況，是事情。隨之培養而成的傲氣，逐漸將我推向極端；非生即死的觀念，無疑成爲勇往直前的動力，卻也無意間成了掐住自己喉頭的致命武器。踏上窮遊，或許也是源於這份心態。

然而，旅行反倒經常出現讓我鬆開緊握雙手的事情。五花八門的事件在不可預料的時間、場所現身，隨時隨地衝擊早已僵化的我的軀體。有次，騎了好長時間的腳踏車突然爆胎。我牽著腳踏車前進，眼前突然出現一道道下坡，我索性拆掉爆掉的輪胎，坐上僅剩輪圈的腳踏車，興奮俯衝。

抵達下坡盡頭，是一大片平原。我繼續牽著腳踏車前行，汗如雨下的我乾脆脫去上衣，豔陽下的肉體，剎那變得豔紅。開著載滿白菜的車子的大叔，上前向我搭話，車上也坐著大叔的其他家人。

「不熱嗎？」

「我好像快死掉了。」

「我載你，快上車！一起走吧！」

「不用了，我想騎腳踏車走。」

「上車！免客氣啦，我只載你一小段路。阮厝就在前面而已。」

大叔夾雜著別有風味的方言講了好幾次，不好再拒絕的我，坐上載滿白菜的後車尾。我與白菜們並肩而坐，途經石子路時，屁股都會隨著節奏跌坐。忽然間，覺得自己好像變成了一顆白菜。託大叔幫助，我比想像中更快抵達目的地——海南邑小廣場。一心想著得先修理腳踏車的我，四處打聽維修行的位置。那間維修行的四周堆滿廢棄腳踏車與古董腳踏車。

「爺爺，這個還能修嗎？」

「能修是能修，但現在太熱了，我不想工作，兩小時後再來。」

既然老闆這麼有個性，我也無可奈何。我在附近的餃子店幫忙擀了些餃子皮，要到幾個餃子充飢後，開始昏昏欲睡。管不了什麼腳踏車不腳踏車了，我抱定非休息不可的決心，跑到邑內一棵大樹下痛快地睡一場午覺。小睡片刻，卻通體舒暢。

故事發生於修好腳踏車後。由於維修行老闆爺爺實在長得太嚇人了，我實在說不出「維修費肉償」這句話，不得不掏出急用金韓幣五千元（約台幣一百五十元）。這是窮遊以來，第一次花錢。看來，今天是破壞規則的一天。搭順風車也是，花錢也是。只是，心情有點奇怪。明明打破了好不容易遵守的規則，心裡反而有點開心。

「咦？這有什麼好開心的？」

我想，這份喜悅源於「花錢」。窮遊前，總是花錢買想吃的東西，花錢買任何想要的東西，卻因自己訂下的規則，再不能在旅途中花錢，只能向他人低聲下氣，只能靠勞力換取所需。不顧規則花錢的當下，有股前所未有的快樂席捲而來。

打破一條規則，讓我有了新的想法，我決定試試夜騎。鄉間小徑入夜後，轉瞬陷入漆黑，既沒人，也沒光。一直認爲夜騎太危險的我，決心實行。我開啓手機螢幕，開始將注意力集中於遠方亮光處，專注前行。然而，亮光處比想像中遙遠，數度以爲即將抵達目的地，最終卻只是再次落空的逐光獵影。

原本心想，就算只是個小到不行的村落，也得停下休息，只是繼續前行的念頭卻越來越強烈：我要一鼓作氣直奔目的地。正當倦意翻騰，累得連一步也動不了的瞬間，我望見標示牌。砂石路的終點，也是我的最終目的地——海南天涯海角。午夜十二點，我掏出手機，打了通電話給朋友：

「我本來以爲你做不到的，沒想到成功了，恭喜。」

「是啊，總算到了。」

朋友不斷道賀，我卻覺得好不眞實。直到汗水風乾，原本冷靜的情緒才逐漸滾燙。參雜開心、喜悅、感激的熱淚，沿著臉頰滑落。**不言放棄，堅持到底的成就感，與爭強好勝的感覺截然不同**，是一種連手指末梢都感到酥麻的激動。我很快樂，非常快樂。

誇下海口而成行的窮遊，說實在，連我都不相信自己能走到這裡，心裡一直抱持著「盡力而爲，隨時做好半途而廢的準備」。踏上旅途前，一個因重度過敏病症而獲得免役資格、體重過百、從來不忍讓自己承受丁點飢餓的人，居然眞的抵達預設的第一個目的地！那天，我在那裡靜靜坐了好久，直到凌晨一點。即使無處可睡，卻感到無比幸福，全身上下散發一股「非繼續不可」的莫名能量。

過了一陣子，幸福的感覺依然存在，但仍得回歸現實面。我前往警察局請求留宿，結果遭到拒絕。我離開警察局，坐在路邊，路邊有一隻狗，還有來來去去的酒客，與打架的人們。上了點年紀的愛侶，做著令人看著難為情的舉措。

只是，感覺有點奇怪。眼前所見怎麼全是幸福的畫面？我不斷流露笑意。人生第一次成功完成親自計畫、實踐的事。從頭到尾僅憑藉自己一手實現的成就感，自那天起，一直影響著我。只要完成一次，彷彿就能緊接著完成第二次、第三次……我無意識地浮現了第二趟旅程。

## 停止，並非失敗，僅是另一種選擇罷了

成功結束第一趟旅程後，我開始**產生信心**。一放寒假，便立刻計畫第二趟旅程。這次我百分百確信旅程能按計畫順利完成，只是，理想與現實往往相差甚遠。第二趟旅程，失敗收場。即使不成功，也不算毫無收穫。如果說，我從第一趟旅程學會勇敢，第二趟旅程則讓我懂得「停止」的智慧。

由於是冬季旅行，我在絞盡腦汁後，決定這趟旅行的方向爲「由南向北」。收拾好最簡便的行李後，起身離家。身著厚襯衫，搭配外套與帽子的我，就在啓程一天不到的時間內，自己即紮紮實實地感受何謂「冬天」。深冬時分，我卻連一樣禦寒裝備都沒有準備。依然像隻井底之蛙的我，這才驚覺外面世界的寒冷如此毒辣。後來，甚至連帽子都弄丟了……我知道，就算自己膽子再大，硬撐下去絕不是辦法。結果，這趟旅程就在

出發十五天後被迫宣告放棄。

想到自己的愚蠢與不知天高地厚，不禁長嘆一口氣。自以爲第一趟窮遊時，成功訂定並遵守了三大原則，這次也能毫無疑問地成功收場。開頭第一個星期，就算全身凍僵，上下排牙齒不由自主咯咯作響，我也咬牙撐過來了。我以不願屈服冷風的自尊心做爲柴火，燃燒熱情苦撐。直到第十天後，享受與幸福的感覺，完全消失得無影無蹤。佇立於嚴寒之前，連自尊都蕩然無存，不得不思索該如何面對寒冷、疲勞、飢餓……

「我爲什麼在這裡？爲什麼要繼續這麼痛苦的旅程？不就只是爲了不想破壞計畫嗎？我還能從中學到什麼嗎？」

在數之不盡的問句中，**我聽不見「現在的旅行很棒！」這個答案**。只是爲了不想輸給自己，繼續著一趟厭煩、痛苦的旅行，逞強不肯低頭。酷寒依舊，利刃般的冷風毫不留情地劃過前額。再不停止，我將失去更多。我跪地苦思：

「到了這個地步，是不是該放棄？」

我生氣，氣那個不備齊裝備就出門的自己；我憎恨，恨那個懦弱、無能，撐不下去的自己。然而，精神上的傷痛，遠遠遲於肉體上的疼痛。跪地不久後，我開始渾身發冷。啊——我大叫一聲後起身。

我起身，站直雙腳。這不是逃跑，也不是輸給自己，我心甘情願承認這裡就是極限。剎那，沿途苦苦糾纏的各種負面情緒，如融雪般消失。我轉身，朝著來時路的方向，腳步越走越輕。只爲了遵循某個目標，遮蔽雙眼所見的障礙物，彷彿瞬間消散。承認「做不到」，反而變得輕鬆。

「沒什麼大不了嘛，原來都是我在壓抑自己啊……」

一回到家，我立刻呈大字形躺在房間地上，房內的暖氣溫柔地環抱全身。生理的體重不變，但壓抑心理的重量一消失，身體也跟著變得像羽毛般輕飄飄。那是懂得放棄後，隨之而來的自由。我闔上雙眼，傾聽屋裡四處發出的熟悉聲響。廁所的流水聲、窗戶的碰撞聲、媽媽叫我的聲音……

「啊！原來我回家了，原來家人們在等我呢……」

心裡滿是感激。平時不知道、錯過的日常瑣事，一一被放大了。如果不在嚴寒途中回頭，我永遠無法體會此時此刻的平靜與溫暖。經歷這趟旅程，我開始學會珍惜自己，也不再爲面對嶄新人生感到驚慌。最重要的是，**無論做任何事，都得懂得問自己「快樂嗎？」**

「我現在眞的享受嗎？是否產生快樂面對挑戰的動力？」

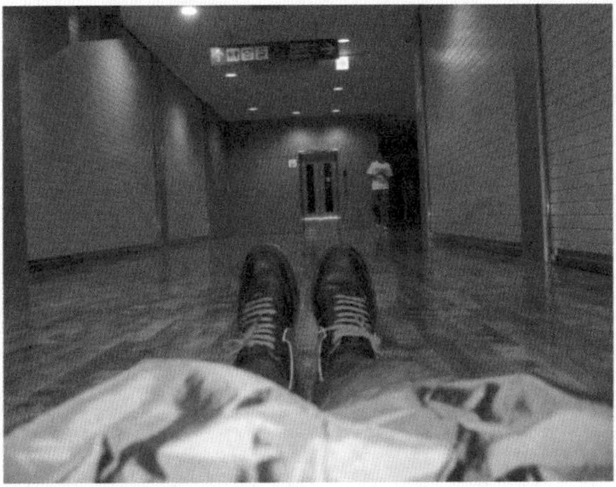

經過冬季窮遊，我學會一件事，如果接受新的挑戰時，只感覺痛苦與疲憊，那就毫不留戀地停下腳步，回頭。停止，不是軟弱，不是崩潰。望著目標拚命前行之餘，也要學會停下腳步的方法，那麼下一個行程才會變得容易許多。暫時停下腳步後，檢視自己正在走的路，一旦發現不對勁，掉頭就走。大可選擇重新調整路線，或尋找新方法。

沒走到終點的第二趟旅程，或許有人認為是放棄，是失敗。而我正是相當抗拒放棄、失敗這類字眼的人。一次的失敗，會使我執著地認為終生一切都將受其左右。不過，如果為了得到真正重要的人事物，在勇往直前時停下腳步，觀察周圍狀況後，勢必仍能重新啓程吧？

有人說，世上沒有不搖晃的橋。建橋時，為了緩和風與水的衝擊，會刻意讓橋身自然產生晃動。隨著風與水搖晃，而非頑固地死守其位，才是真正安全而永保堅固的方式。單憑倔強與韌性支撐，是有極限的。外在與內在，都存在被強風、猛水耗損的可能性。這樣的橋，終究支撐不了多久。

藉由旅行，我知道如果想成為屹立不搖的人，**必須學會停止的智慧**。不該為因風動搖的模樣感到羞愧而死守不動，應該將其視為迎接新挑戰的事前準備。

**「停止」，不是放棄或失敗，而是另一種選擇**，是為了更遠大的目標、未來、新的人生，儲蓄能量的另一種形式。沒人可以永遠走捷徑，無論一個人再厲害，也可能因爲一步毀了一盤棋。有時，也需要在原地停下腳步或低頭認輸，謙卑地接受這樣的自己。

# 以客觀的視角觀察

包含第一趟、第二趟旅程在內，大學期間的我，每次放假幾乎都會旅行。回來後，往往需要與旅程相等，甚至更長的時間，熟成自己的思想。如同吃飯後需要時間消化一樣，旅行亦然。偶爾會刻意回想旅途點滴，不過大部分都是無意識地想起。下雨時，憶起下雨天的經歷；晴空萬里時，憶起自己頂著豔陽前行的經歷；吃飯時，憶起無數無償與我分享食物的人；夜晚蓋著軟綿綿的被子準備入睡時，憶起露宿野外的經驗。

窮遊時，最重要的是解決兩件事：吃飯、睡覺。啓程前，我總擔心該如何解決食宿問題，身無分文要怎麼得到食物呢？住宿也是同樣問題。最糟糕的狀況，當然也試過挨餓，試過睡在路邊。另外，還得擔心會不會遇到壞人壞事。然而，累積相當經驗後，我知道治安固然重要，但能睡在乾淨的地方，已是天大的幸運。警察局、寺廟、教會、網咖、里民中心、餐廳、當地朋友家、公園、涼亭、小學……能入住的地方，其實比想像中多。

就住宿而言，警察局其實有點可怕。過夜還得另外塡一張姓名、住址等基本資料的住宿登記證，感覺好像自己做錯什麼事似的。寺廟與教會也算不錯的地方，但有時木魚聲和同聲開口禱告聲，實在讓人片刻難眠。涼亭或公園的蚊子比較多，入住前得先做好「捐血」的心理準備。如果幸運遇到無條件提供住宿的人，簡直讓人有種置身天堂的感覺，感激溢於言表。

每天轉換不同地方吃飯、睡覺，不知不覺強化了我的專注力。無論在任何地方都能入眠（睡不著才怪！），也不會睡過頭，像是一暝大一寸的嬰孩，每天早早睡覺，早早起床。只是，儘管天天重複尋覓食物與住宿，仍不免遭遇困難。

有次，我前往一間餐廳，提出以勞力換取食物的要求，老闆聽完後，笑著給了我一箱鯤魚。宅心仁厚的老闆，甚至還端出一碗充滿海味的滾燙大醬湯。吃飽飯後，處理完剩下的鯤魚，我起身離開，當時還不到下午五點。

「今天要睡哪裡？」

解決食物後，緊接而來的就是住宿問題。遠處半山腰有間醫院，我天眞地以爲「醫院一定有很多床」，等到眞的踏進醫院，才發現的確有很多床，但自己的身體卻髒得不敢動任何想躺上床鋪的腦筋。想著得先洗澡的我，走進廁所大概洗了洗身體，其間還得不斷擔心會不會有人進來。順利盥洗完畢，換上乾淨衣物，見到自己看起來像個普通老百姓，才總算鬆了一口氣。然而，還得解決濕衣服、背包、拖鞋……我把這些東西放在廁所的最後一格，然後把門鎖上。至於濕拖鞋則藏在廁所角落的椅子後方，等待晾乾。

突然，警衛大叔走了進來：

「同學，廁所的背包是你的嗎？」

「是……對不起，我馬上離開。」

在醫院，廁所是警衛巡察的最後一站。看到廁所門被鎖上，以爲是病人昏倒在內，嚇得趕緊開門的警衛大叔，發現竟然只有一個背包，著實讓他哭笑不得。

「我在窮遊途中，是不是能讓我睡在角落那張椅子一晚？天一亮，我就離開。」

「這不合規矩耶……好啦，你睡醒再離開。」

警衛大叔苦惱了一陣子，最終還是答應了。後來，還拿了一罐啤酒和餅乾給我。喝完啤酒，一躺平立刻入睡。醒來時，大約凌晨五點。可是，我卻離開不了。因爲颱風暴風圈影響，外面狂風暴雨。憂心行程生變的我，開始感到焦慮。只是，心境很快就轉變了。既然多了休息時間，我應該感到幸運。直到下午，颱風逐漸遠離，我起身尋找昨晚送來啤酒的警衛大叔，幫忙打掃、清理雨漬、整理傘架。很快完成手上工作後，這才回過神，想到自己應該好好看看這間醫院。

以前經常以病人身分進出醫院，所以從未試過以客觀視角觀察醫院的行政人員、醫療人員、病人、病人家屬。然而，這次我改以醫院工作人員的身分環視醫院，似乎對醫院體系開始有了更多認識。

我觀察病人抱持何種心情進醫院、進醫院後經過哪些程序才能見到醫生、候診期間又會發生什麼事……接著看看從診間移往檢查室、病房的過程，過程中病人與病人家屬如何表達他們的痛苦情緒，又是用何種眼光凝望醫生……其實不必外出，在醫院同樣是種旅行。

那天，是一個契機，**我學會用新的視角看這個世界**。無論城市、農村、漁村、山村，以行政區域劃分的每一處，都有其所屬的集團與機關。我們卻不曾站在在每個崗位工作的人的立場，或仔細看看當中運作的體系。藉由這次經驗，每當抵達一個新地方時，我會選擇先觀察觀光景點以外的地方。我也決定日後無論去哪裡，自己會先前往公家機關或商店，看看當地人如何規劃與運轉這座城市，檢視其中架構，而非只顧著在風景優美的地方拍照，或急著找好吃的餐廳。

透過嶄新的眼光重看熟悉的人事物，相當困難。一來缺乏機會，以客觀視角重新審視平常生活的地方；二來擁有客觀的視角，本身就不是件易事。我們總習慣只看一面，或一部分，而且大多是以極自我、主觀的態度。最重要的是，了解「人」往往是最困難的事。不只是了解自己，想了解他人，了解任何一個人，艱難程度堪稱比擬弄懂全宇宙的奧祕。

旅行回來後，越花時間消化途中累積的經歷，越壯大渴望了解自己與世界的心。我眼中的自己，與別人眼中的我，想必是截然不同的兩個人。**面對自己，我需要新的認識與看法**。

我絞盡腦汁尋找客觀檢視自己的方法，最後做出一份以「我」爲主題的問卷。從朋友與周遭其他人得到的問卷答案裡，固然存在自己認知的「我」，不過，同時竟也存在讓人不禁驚訝「我有這樣嗎？」的答案。舉例來說，原本以爲自己是個固執、不肯聽別人意見的人，沒想到居然有人說我是個樂於傾聽他人建議的人。太神奇了！問卷答案裡，存在一個從來沒想過的自己。那時才眞正領悟「我就是這樣的人」「這很適合我」諸如此類的想法，到頭來，不過只是錯覺，看在別人眼中根本不是如此。

問卷方向主要關於認識我的第一印象和個性。答案並不一致，甚至出現「細膩謹慎」與「吊兒郎當」這種完全相反的結果，我不禁好奇「自己到底是個什麼樣的人？」有些答案對我不痛不癢，有些答案卻狠狠刺痛了我的內心深處。

**「我是誰？我想要的究竟是什麼？」**

我在一堆問卷前，陷入沉思。如果仔細挖掘自己，站在內心世界凝視自己，似乎就能漸漸釐清自己一直以來的眞正渴望。我渴望他人的認同，渴望他人的注目。不惜一切渴盼他人肯定的心，頑強地佔據我的軀體。

無論有意識或無意識，任何人都有個自定的自我形象。一份問卷調查，瓦解了我長久以來屹立不搖的自我形象，也成爲我注視自己原有面貌的契機。我努力放下那個被塑造的自己，認同原本的自己，感覺就像一絲不掛站在廣場中央。脫下一直以來穿戴的僞裝與虛情矯飾，有些痛快，有些羞赧。肯定優點固然滿足，接納缺點卻痛苦許多。

**清楚自己是什麼樣的人，讓人萌生新的力量**。我在大學申請自行退學，沒有絲毫後悔。因爲我需要更多時間，探究「該把自己的時間花在什麼地方？」「自己想擁有什麼樣的人生？」藉由這段時間，打破囚禁自我的框架，長成更強大的自己。

# 用屬於自己的方式尋找答案

第三趟旅程，我選擇了「搭便車旅行」。我選擇用不同方式，持續進行經歷一次便停不下來的窮遊。一來是爲了降低厭煩感，二來我也想藉由訂定新規則，嘗試以不同方式欣賞這個世界。

起初，我模仿曾出現在電視的場景，逐一向經過的車輛搖手示意。後來，我很快發現就算連帽子都搖了，仍然不見效果。與其怪罪經過的車輛或自己能力差，我決定尋找其他方法。剛好路邊有個廢棄紙箱，我撕下一角，在上面寫道：

「前往順天，麻煩載我一小段路就好！」

因應天氣，加點幽默：

「不載我？我會被烤焦！」

根據經驗，在紅綠燈或收費站前等待是最好的方法。當車子停下，直接向車主展露笑顏，面對面搭話。此時，最重要的就是「笑臉」。帶著燦爛笑容的臉蛋，堪稱是搭便車旅行的精髓。人們並不討厭搭便車旅行者，而是怕危險，才遲疑著應否讓陌生人上車。然而，只要露出笑臉向前，成功率其實不低。

我的優點之一，是當既存方法行不通時，便會開始思索如何用自己獨有的方法解決問題。搭便車旅行時便是如此。**停止站在自己的立場，改以對方的立場思考**。

「什麼時候會想停車？」

站在車主的角度，想想哪些情況會停車。結論是，當車主停下車時，嘗試提出搭便車要求的成功率較高。萬一，因爲我僅按照別人試過的方法而失敗了，最終選擇放棄，便將永遠學不會如何打破既有框架。

願意讓我搭便車的人，往往十分願意分享自己的故事，並對我感到好奇。儘管只是極短的時間，一來一往的交談，已足以讓彼此感覺投契。或許是因爲他們都是懂得善待陌生人的人吧？他們的故事，總是充滿希望而溫暖。

與他們道別時，我都會以九十度鞠躬致意。爲了表現更多誠意，我會朝著離去的車繼續揮手，行注目禮直到再也看不見蹤影爲止。**真心，是推動持續旅行的最強動力**。旅

途中，我漸漸熟悉用自己專屬的方式表達真心。

童年時期，我也曾嘗試用獨有的方式認識、了解世界。小時候的我患有讀寫障礙，無法正常閱讀，理解能力自然也遲緩，聽寫測驗與起立朗讀成了我的最大難關。爲了不想因不能正常閱讀而感到丟臉，小學三、四年級時，我會以讀故事書的方式理解課本內容，然後默背下來。升上國中後，滿滿的板書對我產生莫大壓力。難以自行抄寫的我，只能向同學借筆記，然後努力模仿他們的筆跡抄寫課堂內容。只是，這樣的進度實在太慢了。高中時期，讀書變得更加困難。漸漸地，我開始厭倦這座名爲「學校」的圍籬。

上了大學後，我才知道自己患有讀寫障礙。直到那時之前，我一度以爲自己是學習遲緩兒。大學上會計課時，合計那欄永遠不對。右邊和左邊的數字明明應該相同，偏偏每次計算結果都不同，有時甚至兩邊都錯。抱著忐忑不安的心，決定前往醫院檢查。一踏進診間，醫生便指著掛在牆上的月曆說道：

「試著唸一下這裡寫的字。」

「義大利。」

「再唸一次。」

「義大利。」

「請再認眞唸一次。」

「義大利。」

唸了三次，我的答案都一樣。直到第五次時，我才驚覺那不是「義大利」，而是字數相同的類似單字。當下，我才釐清過去一直糾纏不休的疑惑。我想起那個因讀寫障礙而不能像其他小孩一樣正常讀書，每每感到愧疚的自己。

儘管飽受讀寫障礙影響，能熬過就學時期，原因在於我找到屬於自己的讀書方法。我會將上課內容錄音，反覆聆聽並複誦後，默記下來。藉由說故事的方式掌握課文的脈絡，進而理解內容。畫一大幅藍圖，然後大膽實踐的習慣，似乎也是從那時候開始養成。

選擇用自己獨有的方式，設定減重目標時也一樣。最後，我花了四個月，減去三十七公斤。控制飲食與運動雙管齊下，第一個月時，每天都能減一公斤。這時，用的正是我專屬的減重方式。第一，排除所有妨礙減重的要素，對任何聚餐或酒攤充耳不聞；第二，設定數個有助減重的情況，例如把錢放在房門口，當錢掉到地上時，我便伸手撿起，每撿一次錢，都會重新提醒自己把錢放在這裡的原因；第三，將減重計畫大張旗鼓告訴周邊的人，並與他們打賭成功與否。

對於一個喜歡吃東西的人而言，減重無疑難如登天。宛如看到肉就會流口水的巴夫洛夫的狗（註：巴夫洛夫爲俄羅斯生物學家、心理學家、醫師，尤以透過搖鈴使狗分泌唾液的實驗闡釋條件反射學說聞名。），改變自己對外在刺激原有的行爲模式，本就是件艱難的事。自覺單憑自我意志難以維持太久，因此周邊親友不斷給予客觀建議便成了相當重要的關鍵。

爲了持續保鮮減重動機，我開始享受將創新想法付諸實踐的樂趣。當小點心和運動日漸成爲生活重心後，挨餓的痛苦遠遠不如成功減重的滿足感與快樂。減重甚至意外地改變了我的思考方式與情緒。**選擇以獨有的方法減重，竟然不知不覺改變了自己，也體會幸福與成就感**。

旅行，同樣需要自己獨有的方法。面對旅途難以數計的情況、形形色色的人物、層出不窮的變數時，我都會因時、因地選擇不同的對應方式。每次尋找食、宿時，我會依據當時情況，偷偷調整態度與措辭。關鍵不在頭腦，而是實實在在靠身體的次次碰撞。唯有親身體驗，才能找到眞正適合自己的方法與道路。**答案，永遠都在自己身上**。與其盲從他人的方式與意見，**選擇以自己獨有的方法解決眼前問題，才能得到專屬於我一人的自信與勇氣**。

# 看待「職業」的嶄新角度

一直只在韓國國內旅行的我，偶然去了趟日本旅行。當身邊某個朋友提出想到日本旅行的想法時，我們一搭一唱，就此成行。苦惱著該如何解決經費問題的我們，決定向各大電視台發送提案，內容大概是「我們是打算窮遊的年輕人，只要貴單位提供機票，我們願意配合拍攝遊記。」

大膽、熱情準備旅程期間，腦內啡瘋狂飆漲。很可惜的是，提案結果令人失望，我們沒有收到任何電視台回應。不過，我們並沒有因此放棄，繼續天天寄信。終於，某處捎來聯繫——《6點，我的故鄉》，對方表示這項計畫太過魯莽，要我們打消念頭。

遠大的計畫，就在一片噓聲中夭折，不過能收到一個回音，已足夠感到欣慰。然而，日本之旅並不會因一個計畫失敗而終止。為了極大化壓縮經費，我們決定從釜山港搭船前往日本。看著一艘小船在無邊海洋載浮載沉，腦海閃過無數可怕的畫面。幸好，我們還是平安抵達福岡港。

首先，我們決定直奔市中心。一邊走，一邊想著無論如何得先找到食物。於是，我們走進一家餐廳。然而，語言障礙遠比想像中來得嚴重。先別提完全不懂的日文，就連還稱得上略懂的英文，也完全不通。直到接近晚上，還是找不到食物的我們，只能挨餓。

食物固然重要，但住宿的重要程度可不亞於食物。我們必須先決定那天到底要睡哪裡，然後根據過往經驗，直接前往出現在旅遊書的住宿地點。眼前的建築，看起來一樓是餐廳，二樓是住宿，無論走廊或其他空間，都顯得十分狹窄。

「我們願意幫忙打掃與完成任何吩咐的事，可不可以在這裡留宿一晚？」

「這裡不是那種地方。」

儘管又再拜託了一次，我的聲音卻如常微弱與缺乏自信。根據過往經驗，只要氣氛如此低迷，百分百不會是好結局。我確知自己必須展露笑顏，但是站在異國土地，早已意識無力溝通的窘況，自信也隨之消逝。即使如此，我仍再次提出請求。徒步走了超過四小時，除了眼前的地方，實在不知道該再往何處尋找住宿。再次被拒絕後，不知該何去何從的我們，蹲坐在門前。不久後，有位在店內工作的阿姨走了出來。

「我剛剛聽說了……你們怎麼就這樣傻傻待在這裡？這是開幕慶送的澡堂使用券，你們拿著去那裡過夜吧！沒有使用期限。」

原來，「一絲曙光」「一絲希望」，不是只存在書裡的詞彙。多虧阿姨的親切以待，我們順利度過第一晚後，再次上路，並開始對日本朋友以比手畫腳搭話。有時可以取得食物，有時可以換得住宿，只是終究存在極限。百分百窮遊，漸漸成為天方夜譚。尤其在花錢買了船票和JR票後……

我們試過在車站附近的試吃攤位充飢，也試過睡在石頭上。隔天早上醒來，甚至還意外獲得裝有蘋果和麵包的紙袋。柏青哥也是解決住宿問題的地方之一。柏青哥裡的人會在凌晨五點左右開始活動，等到天一亮，原本在裡面的人會拿出小椅子，託人顧台。在柏青哥幫忙打掃五十分鐘至一小時，或替暫時離開的客人顧台，都能得到一些報酬。這樣的經驗，相當新鮮。

檢視日本社會體系，努力維持既有框架的特性，與韓國相當類似。只是，個人行動與思考在日本似乎不會受到太大干涉。聽來或許有點奇怪，但當時身處日本的我，非常羨慕存在日本社會的無數「御宅族」。即使現在這群人被改稱為「達人」，是精通某領

域的專家，甚至一改偏見爲他們量身訂做綜藝節目，當時我們對「御宅族」始終存在強烈的負面印象。站在我們的角度，許多看似荒謬的工作都能在日本社會被定義爲獲肯定的「職業」。在日本，只要願意埋頭鑽研一個領域，最終即能成爲一種職業。瘋也似專注自己喜歡的事情，終有一天能在這塊土地佔有一席之地的社會氛圍，著實令人讚賞。

某天，日本路上有工人在人行道施工，一對路過的母子向工人們致謝後離去。假如在韓國，會發生什麼事呢？是不是會聽到「如果不想變成那種人，就要用功讀書。」心裡有些酸澀，但我下意識的確浮現如此畫面。嘴巴講著「職業不分貴賤」，但韓國社會確實存在著無形的歧視與階級觀念。相較於肯定彼此從事不同職業，往往只懂得劃分孰優孰劣。

細分職業逐漸成爲趨勢，甚至有人說，全世界存在種類數以萬計的職業。近來，最引起我注意的職業是「數位殯儀館」，即替死人清除所有生前留在網路的痕跡。新興職業，反映了憂心個人資料遭濫用的新時代。

日本之旅，最讓我嘖嘖稱奇的職業是「牛奶鑑定師」。從一位旅途中遇到的朋友口中，我初次得知這個職業。過去常聽到「品酒師」，卻從不知道竟然還有人負責鑑定牛奶味道。那位朋友表示自己也在旅行中。

「爲什麼旅行？」

「我的夢想是成爲牛奶鑑定師，就是負責品嚐牛奶口味的人。牛奶的味道會隨著添加不同水而改變，所以我想造訪全日本，了解不同水味。」

深深被這番話衝擊的我，徹底改變自己對職業的想法。居然有人爲了「喝水」不辭辛勞奔波？或許聽在別人耳裡荒謬至極，但爲自己未來眞正想做的事奉獻心力，著實令人敬仰。世上原來存在這種旅行目的，我發自眞心讚嘆。

後來，我才知道韓國也有因應日益發達的礦泉水產業而生的「品水師」。形形色色的市售礦泉水，同樣會因個人口味與喜好不同，選擇不同品牌的礦泉水。品水師不僅得具備對「水」的專業知識，也需要了解水的味道與品質。與水資源相關的公家機關，甚至開設了品水師相關課程。職業，果然需要因應時代轉變而轉變。

在日本旅行時，有次因爲找不到住宿，最後決定在車站找張椅子過夜的經驗。只是，眼看所有椅子都已經被佔領了，我們只能不知所措地呆站在原地。就在那時，眼光不自覺被廣場景象吸引。有名外國男子緊擁另一個人，待對方離去後，外國男子仍站在原地一陣子才走進站內。起初，我以爲是和戀人相互道別，但對方年歲看來已近老奶奶，最後也像不相關的人似的，消失於某處；後來，我又想會不會是「免費擁抱」

（free hug），但特地跋山涉水跑到異國free hug未免太過奇怪。

我走近那位外國朋友，我們找了一個厚紙箱，鋪在車站一隅，對坐交談。到訪日本前，他在布拉格「約翰藍儂牆」前唱歌、替人畫畫賺錢，籌措旅日經費。即使已經花了很長時間環遊世界，他仍想再看看更多地方。

「剛剛是什麼?·free hug?·」

「嗯，去過這麼多國家，我發現所有人共通的情緒是『寂寞』。我曾在旅途中，被椎心刺骨般的寂寞感環繞，卻因爲沒錢，打不了電話給任何人。當下，有位同爲旅行者的人向我搭話，並給了我一個大大的擁抱。我從未感受那種溫暖，該把那種感覺形容成『靈魂交流』嗎?所以……」他隨後補上一句，總有一天要回到家鄉美國，從事一份專門「擁抱」的職業。

「專門擁抱的職業?」

「我聽說有種叫做『Snuggle』的職業，正如字面所示，就是『緊緊將某人擁入懷中』的意思。我想將自己得到的慰藉，原封不動地傳達給別人。」

這番話的衝擊力道，遠比「牛奶鑑定師」來得震撼，再次顚覆我對「職業」的看法。世界原來存在如此多樣超乎想像的職業。睡在寒冷的地方固然不舒服，但當晚眞正令我難以入眠的，或許是想起那位外國朋友敘述自己旅經各地的故事。

成爲空檔年（Gap Year）顧問後，我常問年輕人們「**最害怕什麼**？」大部分的答案都是「**不知道以後要做什麼**。」爲了我們僅知的幾種職業，爲了別人功成名就的「好職業」，人們發了瘋似的讀書，以爲只要上大學就能解脫，結果卻什麼也沒有。最後，爲了就業，爲了學英文，爲了取得各種證照，再次陷入拚命讀書的輪迴。

曾經，我也被困在封閉的世界裡，不知道自己想做什麼，該做什麼。於是，我鼓起勇氣，選擇了「旅行」。藉由旅行，打破既有的刻板印象，慢慢學習、領悟。開闊對「職業」的視野，是日本之旅的最大體悟。因此，心底不由自主地萌生一個問題：

「我想爲了誰，做些什麼事？」

## 從他人的視線裡，變得自由

結束日本之旅返家後，隔了好久才再見同行旅伴。以前，每次見到這個朋友，總覺得他競爭心強烈，有時甚至會蔑視別人。那天，我覺得他有點不一樣，令人感覺舒服的他，與從前非常不同。

「我一直自以為是很了不起的人，所以看不起那些達不到我設定標準的人。可是，經過那次旅行，我爲自己是那種人感到羞愧。沒有學歷、背景，走在一無所有的世界，才知道自己的存在多麼渺小。僞裝了不起，不過是爲了掩藏自卑。」

順著朋友的自白，我也坦白以對。長久以來，我同樣受自卑所苦。上大學後，一直認爲學校課程根本比不上自己讀過的無數書籍，爲此，甚至像瘋子一樣試過在某個學期連續喝了超過四十天酒，直到從頭到腳冷汗直流，才肯停止啃噬身體與靈魂的蠢事。原因在於，我受不了如此糟糕的自己。然而，我依然不知道自己該做什麼，對課業也毫無興趣。

後來，我偶然著迷於一個遊戲。那是首爾大學經濟系學生開發的課程遊戲。當時，我覺得那是個讓自己看來與眾不同，並測試自己能耐的大好機會。遊戲很快得到迴響，彷彿只要付出時間和努力，就能得到想要的結果一樣。沉迷遊戲的我，最後終於獲得第一名。回想起來，那時的行徑雖然有點愚蠢，但我的確得到成就感。就像有陣子成功減重後，得到身邊親友讚嘆不已的熱烈反應，也讓我感到沾沾自喜一樣。

「這傢伙眞的說到做到！跟別人不太一樣啊！」

我享受他人驚嘆的視線，更沉迷於自己成功的自我管理能力。不過，對減重的熱情，從一個意外的時機點開始消退。接近夏季來臨之際，我的肚子乾癟得像倒扣的水瓢，甚至還出現驚人的腹肌。驚訝只是暫時，我立刻開始思考「有了腹肌能做什麼」，但我既非那種會在海邊驕傲脫光衣服的人，也非爲了擁有完美身形減重……最後，實在找不到爲何減重的我，自那天起，停止了維持兩年的運動習慣。

幾年後，我才肯面對當時的自己。透過計畫、控制某件事，如願得到結果的行爲模式，不過是自卑感作祟。遊戲如此，減重如此，拚了命只爲證明自己和別人不同。

旅途遇見的千萬張面孔，讓我透析形形色色的人生，也領悟「隨遇而安」的自在。與其鞭策自己邁向成功的道路，不如無拘無束地將時間花在探索屬於自己的未來。

**旅行，一方面能讓人坦誠面對自己，正視自己的不足，另一方面也能讓人為自己「其實是個不錯的人」感到驕傲**。自十八歲起，靜靜躺在路中央，凝望天空，是我的夢想之一。我不知道個中原因是叛逆，或是想享受自由的滋味，只是好奇躺在路中央的感覺，好奇當下看到的天空會是什麼模樣。第一次窮遊時，我嘗試實現這個小小願望。環顧四下無人後，鼓起勇氣躺在路中央。只是，實在受不了身邊有人經過時的尷尬，很快便決定起身。試過一、兩次後，有次經過光州與靈光，於前往木浦的路上，看見堆在海岸邊的消波塊。我無意識地停下腳步，不做他想即躺在能看見消波塊的路上，仰望天空。明明和昨天是同一片天空，瞬間，卻感到特別不已。微風輕拂全身，我闔上雙眼。直至睜開眼，才發現自己在路邊躺了好長一段時間……我再也不在意路人的眼光。

克服一件事後，才意識過去因在意他人眼光而不敢做的事，根本「不是什麼大事」。想著突出自己的心態，不知何時就像爆破般，一口氣消滅長久積累的自卑情結。

**旅行，漸漸讓我變成另一個人。不是不再在乎別人臉色，而是態度變得從容**。交朋友變得容易許多，也經常露出笑容。拓寬累積經驗的幅度，同時增加人生的可能性，自然產生「天下無難事，只怕有心人」的自信。

因此，開始試著攤開人生地圖，擬定大綱，整理非做不可的事，思考自己人生最重要的是什麼。寫下能幫助自己成長的事；把自己放在十字路口，寫下與自己的對答。

「如果一個月後會死，我想做什麼？」

帶入一個月後就迎來人生盡頭的情緒，想像十年後、一年後、一個月後，我想做什麼樣的事，成爲什麼樣的人。依序刪除寫好的數十件事，直到剩下一個。當擁有的時間只剩幾天時，我眞正想做的事只有一樣：

「環遊世界！」

光靠想像，都能感受內心澎湃。我想體驗更寬廣的世界，爲了跳脫身處的渺小世界，我決心旅行將持續進行……

Part 2

# 為了體悟更廣闊的世界，

# 踏上

# 環遊世界之旅

Gap Year

# 遇見一堵無法跨越的牆

環遊世界的目標誕生後，再也沒有藉口遲疑。心想不可能身無分文出國的我，備妥急用金韓幣兩百萬元（約台幣六萬），打算用於靠一己之力真的無從解決的極艱困情況。

依據過往經驗，旅途中可能遭遇找不到零工、不能安心旅行、無法成眠等大小狀況……唯有在必要時才動用金錢，如果還是行不通，就打道回府。除此，並無其他計畫。

第一站：加拿大，原因很簡單，我想看極光和落磯山脈。後來，我才知道北歐也看得到極光……因此，不難看出這是趟毫無準備之旅。加拿大比想像中寒冷。為了造訪落磯山脈，我從溫哥華前往卡加利，卻到不了看得到極光的班夫。於是，只能暫時取消計畫，等待下次機會。雖然心裡覺得很可惜，可是該放棄的時候，就該瀟灑轉身，將其視作滋養下一個可能性的基石。

原本想在加拿大打份工，卻沒有一處適合工作。苦尋工作期間，我的思考框架又再次被擊碎。加拿大對「職業」的定義，與韓國截然不同。職業，在韓國是劃分社會階級的無形之手。可是，在加拿大就連清潔工人也自認自己的工作相當崇高。

「我想幫忙做點事，不知道能不能換得一些食物？」

我勉強擠出一些簡短的英文問道。坦白說，內心當然想過幫忙清潔不是什麼難事，沒想到答案完全出乎意料。

「你覺得我的工作很簡單嗎？看起來不是種專業嗎？只要你想做就能做，隨時都能上手嗎？」我反而被對方怒斥一頓。儘管被捍衛自身工作尊嚴的清潔工人狠狠臭罵，仍然不能停止找工作。只是，無論多麼努力，卻始終找不到工作。大家都說著大同小異的話，「如果你覺得自己隨手能完成我們正在做的工作，我認為，這種旅行方式並不可取。」「乾脆乞討吧！」

強忍飢餓，呆站路邊，目光不由自主地望向街友，便索性觀察起街友。韓國有許多街友，加拿大的數量也不少，兩者差異在於加拿大的街友在公共場所也能抬頭挺胸，光明正大地在便利商店前或大馬路邊乞討。我試過和他們一起生活一段很短的時間，當街友其實很棒！想吃披薩，就待在披薩店門口；想喝咖啡，就待在咖啡廳門口。相較於以勞力換取食物，取得食物變得簡單許多。

街友們會聚集在屋簷下或清潔工具箱附近睡覺。我試過跟著他們一起睡覺，試過一起坐在他們搭起的柴火旁，也試過天氣太冷時，徹夜飲酒，搞得白天昏昏欲睡。不過，單靠一件外套露宿寒風刺骨的冬天街頭，真的已經超越人體極限了。

最終，我放棄免費露宿街頭，找了一間最便宜的住宿。我和法國人、台灣人共用住宿，只是過沒幾天，我便感到極度憂鬱，原因在於無法溝通。雖不是明目張膽的種族歧視，但總覺得自己像個笨蛋。在那裡，我是個透明人。總之，是種難以言喻的複雜情緒。

心情低落的我，打了通電話回家，接電話的是媽媽。一聽見媽媽的聲音，我淚如雨下，再無法正常言語。不敢放聲痛哭的我，只能低聲嗚咽，吞回眼淚。那是我第一次知道自己體內原來存在這些眼淚。渴望立刻回家的我，重新定下心。我不知道那是什麼，只知道自己正在和一股每每擊潰我，讓我變得脆弱的強大力量搏鬥……

多花了一點錢，找到新住宿。隔壁房間住著一位韓國留學生，出身韓國鄉下的望族，爲了留學來到加拿大，進大學後卻發現很難畢業，現在只打算空等時間過去。參加過畢業考，卻始終不及格，已經抱定放棄的打算。盯著不斷重播的韓國綜藝節目，打發一天又一天的時間。不敢跟家裡坦白的他，只能繼續苦撐，不太出門，也不太吃飯，看看電視，然後喝著可樂凝望窗外，已是他生活的一切。

面對來來去去的房客，起初他也不曾與我搭話。後來得知他的事後，心裡雖感到憐憫，看著他無精打采地虛耗光陰，實在也不知道該說什麼。被家族囚禁的他，跨不出自己築起的圍籬。他第一次踏上加拿大時，想必不是這副模樣，每天清晨一定也曾滿懷勇氣與希望踏出家門，揚起開朗的笑顏。然而，現在日復一日地煎熬，與行屍走肉並無差異。

遑論「挑戰」二字，就連「嘗試」完成的事都宣告失敗，只能摸摸鼻子繼續待在加拿大的我，其實開始擔心自己是否也像他一樣，被關在自己築起的圍籬。急用金也用得差不多了，甚至連回程機票錢都湊不出來，萬一被這家住宿趕出門，說不定自己就此成爲國際失蹤人口或非法滯留者。我墜入從未親臨的地獄深淵……尊嚴、膽量、固執，一一慘遭擊潰，倖存的只有「活下去」的念頭。我眼睜睜看著毫無意義的時間流逝。某天，我吃著擺在餐廳門口垃圾桶上的貝果，自言自語道：

「我爲什麼在這裡？爲什麼死撐？」

自言自語的時間越來越多，甚至開始害怕自己繼續下去會發瘋。我覺得，最難受的事情是不能和朋友，或任何人共度這段時期。後來，我發現一個不再自言自語，而是開始和樹木、花朵對話的自己。猛地回神，我知道自己維持現狀不是發瘋，大概也是死路一條……無論如何，我一定要活下去。最後，我以嚴肅的心情，寫信給每個認識的人。幸好，有位願意提供食宿的朋友回信，要我前往菲律賓工作，並隨信附上機票。

逃離加拿大的那天，我彷彿三魂不見七魄地等著飛機，有種自己所有的人事物全盤崩潰的感覺，計畫、關係，沒有任何一樣行得通。最可怕的是，自己甚至不願意做任何嘗試，只是垂頭喪氣地枯等時間流轉。當每次嘗試都撞牆，卻一次又一次地衝不破高牆時，我的情緒起伏開始不受自己控制，整個人陷入深不見底的憂鬱漩渦。

然而，**神賜予我一份大禮，一份名為「忘卻」的大禮**。開始在菲律賓生活後，置身既暖和又樂天的地方，我漸漸忘卻在加拿大遭受的挫敗。細細回想，與其說加拿大對我而言是個特別的地方，「跨不過的牆」或許是更適當的形容，那裡是我此生的谷底，接連遭遇失敗，充斥各種苦痛之地。如果跨不過那道牆，彷彿再也跨不過任何事般……於是，我認爲自己必須重返加拿大。這次，我會充分休息後，好好花時間做足行前準備。

在菲律賓度過兩個半月後，我存到韓幣三百萬元（約台幣九萬元），按部就班地準備加拿大之行。這是第二次，而且是「那個地方」，自尊心自然更勝以往。一旦跨不過「加拿大」這道牆，我決定直接放棄環遊世界的計畫。

韓國與日本的窮遊經驗，我驕傲地覺得自己得到許多體悟。基於這些經驗成爲更好的人的我，於是選擇走向更寬廣的世界，只爲了再獲得更多。沒想到加拿大之旅讓我意識自己的存在多麼微不足道，初嘗深刻的挫折與絕望。

那股衝擊之大，已讓我的精神狀態瀕臨崩潰。那時之所以沒有完全崩潰，多虧一聲發自內心深處的吶喊，吶喊著「我必須活下去」。

根據經驗，當聽到內心深處發出求救訊號時，絕對不能視而不見。無論經歷多艱難的事，**重新起身的力量正源於我的體內**，即使四周只見阻撓去路的牆壁與地板，只要抬起頭，就能發現一條嶄新的道路。我深呼吸，靜待時機。於是，重遇挑戰的機會。

# 一次失敗，不代表永遠失敗

或許有人會嘲笑這是荒謬至極的事，但我想在旅途達成的「幻想」之一，是在路上偶然遇見超級富翁，然後他會招待我去家裡玩，展開連串電影情節般的故事。抵達加拿大機場後，我好奇地東張西望，動身向一名看起來像富翁的中國阿姨搭話，卻聊不到幾句，便大失所望爲這段無趣對談畫上句點。

離開機場，我前往溫哥華。既然是窮遊，手握多達韓幣三百萬元（約台幣九萬元）的我，天眞（現在回想，只覺得愚蠢得無法用言語形容）以爲自己無所不能，就這樣爽快付出兩百萬元（約台幣六萬元），先租下一間看起來不錯的房間。我預計停留一個月。爲了適應時差，睡了足足三天的我，起床才發現沒電也沒暖氣。

我被騙了。抓到一個叫「安時俊」的笨蛋後，對方就此逃跑，斷絕聯絡。想找到存心帶著租金和巧立各種名目收到的費用後，捲款逃跑的屋主，根本不可能。待在加拿大的時間，能繼續留在這間房子，似乎已算是不幸中的大幸，雖然沒電、沒瓦斯……

過了幾天，我心生一計，偷偷把走廊的電接回房間檯燈。沒想到過幾小時後，管理人員跑來罵了我一頓，於是這個計畫又告終止。雖說唇亡齒寒，但一無所有的我，創意倒是不停湧現。我嘗試開著浴室的熱水睡覺，靠著蒸氣溫暖房間。第一天還算成功，但第二天開始，積滿水氣的天花板就滴滴答答下起雨，我不得不另覓他法。

除了我以外，那間房子還住著另一名被騙的房客，是較我年長的哥哥。比我幸運的是，他還有泡麵和燒酒。即使自己同樣身無分文，他仍願意與我分享泡麵與燒酒。不過，苦撐兩星期後，再也受不了的他，決定另外找地方落腳。

糊裡糊塗過完租期，最後我也被趕出門。白天我在圖書館打發時間，晚上則四處流連。有天，我在圖書館讀著旅遊相關書籍時，突然昏倒，被嚇到的人們紛紛圍過來。

「還好嗎？有人可以叫救護車嗎？」

「不……不用，我沒事。」

瞬間，腦海閃過不知道誰曾說過的話「在加拿大叫救護車，要自己付錢。」

勉強起身，或走或爬進了廁所。全身汗如雨下，不斷發冷。一直想躺在地上的我，蜷縮在馬桶上。「我到底爲什麼又來加拿大？」「我會不會死在這裡？」腦中跑過各種想法……最後，我拚了命站起來。當下，我只想到一個人。我打電話給那個一起被騙，一起共住過幾天的哥哥。

「哥，是我！救救我！」

「你在哪兒？不要亂動。」

爲了幾乎是陌生人的我，哥哥從大老遠趕了過來。那天，我們各自買了兩塊半美元的五花肉片，一語不發地吃光光。我寄居在哥哥新住所一段時間，四處奔走尋找欺騙我們的人，哥哥笑我天眞，這麼做根本是大海撈針。

然而，驚人的事發生了。我在中國超市找到那個人，當下完全嚇壞的他，甚至絲毫沒動過逃跑的念頭。雖然對方還不出所有錢，至少也拿回二十萬韓幣（約台幣六千元）。我把那筆錢當作房租交給哥哥後，總算鬆了一口氣。回過頭，我又開始思考，究竟該如何賺錢……突然，我想起被騙的經驗。

「對啊！用房子啊，房子！」

我們的住所有四間房，日前走了一個房客。我心想，如果我和哥哥拿出身上所有錢，租下全數房間後，再租給別人，應該行得通。這件事並不困難。哥哥利用網路接受

登記，我負責經營，即哥哥和我共享一間小房，出租其他三間房。來了一些人，待了幾天。原以為這些人很快會離開，沒想到他們居然不打算去其他城市，準備多留一陣子。約莫過了一個半月，我們賺到一筆錢。我們利用賺來的錢，又租了一棟房子。事業（？）越做越大，最後我們同時經營三棟背包客棧。

拓展至三棟房子後，我們開始將房子託給短暫入住的窮旅客負責，要他們嘗試經營。正好遇上溫哥華即將舉辦冬季奧運，這期間無疑是加拿大住宿業的旺季。距離正式入冬仍有好長一段日子，卻早已嗅到這股氛圍。早在三個月前，專業的租房業者會齊聚一堂，合租共管式公寓或住商混合建築經營。後來，有業者表示想接管我們的房子，便索性全數移交，也因此換得一大筆錢。

第一次，讓我彷彿連滾帶爬逃出的加拿大，壓根兒沒想過第二次的局面竟演變成有餘力東挑西選哪間住宿比較好。第二次造訪加拿大，令我能適應這塊土地的原因，歸功於身邊有人相伴。擁有語言相通的人作伴，是一股龐大的力量。另外一點，則是找到能穩定賺錢的收入來源。在溫哥華想找份工作，或做點小買賣，絕對不是件易事。多虧被騙的經歷，我才會動腦筋想到背包客棧，也才體會「塞翁失馬，焉知非福」的眞諦。

慘遭第一次加拿大之旅擊碎的心靈，靠著經營背包客棧修復完全。賺到錢固然幸運，但是有人願意共同經營，進而遇見形形色色的新朋友才是最快樂的事。**順應環境，我學會了改變思考、轉移目標的從容態度**。思想的從容，是此趟旅程最大的收穫。我的確試過靠硬著頭皮堅持成功，但當使用同樣方法仍挑戰失敗時，改變方式才是上策。相較於只知道從Ａ到Ｂ一種方法，懂得數種方法才能真正幫助事情運行。

帶著舒暢的心情，我決定開啓下一趟旅程。經營背包客棧賺得的錢，我幾乎都給了哥哥。拿著一些剩下的錢，買了部二手車。我對錢並沒有太大的欲望。窮遊，是我選擇多認識這個世界的方式，如果需要錢，再存就好。旅途中，大多是身無分文的狀態，因此，我早已不擔心生存與否的問題。身邊恰好多了個旅伴，下一個目標：橫越美國。

## 打破刻板印象的拉斯維加斯

提起「美國」，我立刻浮現「槍」，因爲經常能在報章媒體見到槍枝造成的意外事件。我想像中的美國，正如電影場景一樣，是子彈橫飛的萬惡之地。然而，實際踏上這片土地後，發現美國根本不是如此。這裡不僅有趣，甚至可以說是前所未有的熱情。

買了價值韓幣兩百萬元（約台幣六萬元）的二手車，帶著保險，與旅伴一起前往美國。心裡打算開車到南美後，就在當地賣掉。旅程非常順利，從西雅圖經過波特蘭，下車看了看位在帕羅奧圖的Google總部。這是到訪美國前，就決定非去一趟不可的地方。

Google被韓國畢業生選爲最想進去工作的公司，也是與李世乭激戰的AlphaGo誕生地。Google總部並不像公司，反而給人一種大學校園的感覺，說是「Google Campus」似乎也不爲過。Google提供員工自由、舒適的工作環境，幫助激發他們天馬行空的創意。

走進總部，並不見高聳入雲的建築，一眼就能望盡。很可惜的是，當天是感恩節，總部大門深鎖，也自然看不見任何員工。外觀看起來不會讓人有非進去不可的欲望，只是感覺戒備有些森嚴。這時，我瞥見一名有點像南美洲人的警衛，於是沒頭沒腦地拜託他讓我們進去。多虧他的幫忙，我們成功參觀部分的內部環境。裡面採全開放式空間，處處漫溢著自由的氣息，每個區域都擁有獨樹一格的設計與色彩。

雖然不能完整參觀總部，卻成爲我開始思考「工作環境」的契機。如果韓國上司看到眼前的空間設計，大概會被痛斥「在這種地方能做什麼工作？」在韓國，員工大多只能看上司臉色過活。背負儒教文化的窠臼，長時間維持由上至下的垂直關係，實在很難擺脫上司的情緒束縛。環顧眼前的工作環境，我才再次驚覺自己有多麼在意他人的目光。

旅行的好處之一，是置身從未接觸的陌生環境。不知爲何，這個行爲本身已足夠讓人感到解放，不用察言觀色，隨心所欲做自己想做的事，也沒人在意。脫口說出髒話、脫光衣服，彷彿從不知「顧忌」爲何物……而讓我徹底卸下心理武裝的地方，是拉斯維加斯。莫名喜歡這個地方的我，來來去去，總共造訪多達三次。即使每次都遇上不同狀況，卻恰恰因「狀況」總是沒有固定形式，更合我意。

一望無際的沙漠，單憑人力建造的城市——拉斯維加斯。這座夢幻般的城市，夜晚比白天更美麗。眼花撩亂的表演秀，令人不由自主停下腳步；賭場內的多樣化空間設計，無形點燃人的好奇心。數不勝數的神奇人事物，樣樣激發人類渴求探索的欲望。尤以面對賭場遊戲時，人們毫無防備坦露的各種表情，最讓人津津樂道。沉迷遊戲的人類表情，原來千變萬化。

個人認爲，賭場最精采的地方是輪盤區。雙手迅速交叉動作，把賭注置於號碼牌上。好運的話，在這裡就能贏走高達三十五倍的獎金。輪盤轉動，白球停落號碼的刹那，決定命運。此時，正是人類的表情產生最極端變化的時刻。有位在賭場認識的朋友這麼說：

「賭場存在賭神，只有祂知曉當天的勝負。」

人們發瘋似的沉迷賭場，甚至堅信有賭神存在，或許不只因爲錢，而是那裡擁有一股力量，能將世間單純的情感轉換成難以抗拒的怦然，讓人一嘗擺脫日常束縛的歡愉。儘管只是玩個幾把得到的感觸，運氣不好也不壞，結算輸贏都差不多。稱不上損失太多的遊戲，時而獲得，時而失去。

橫跨美國時，我曾擔心會不會遇上槍枝造成的意外事件，也曾擔心種族歧視，卻意外遇見許多親切的人。美國，遠比想像中有趣、自由。

爲了解決住宿，經常會在「好用的」星巴克遇見各式各樣的老爺爺。把車停在星巴克停車場，睡一場姿勢不舒服的覺。等到天亮，入內買杯咖啡擺著，進行補眠。像我一樣的異鄉人老爺爺們，永遠早我一步走進店裡點咖啡，然後迎著朝陽睡覺或做些獨享的無聊消遣。我與他們對談、天南地北閒聊的時光，總是舒適而愉快。

藉由這趟旅程洗刷自己對美國一知半解的負面印象，甚至沒什麼不好的回憶。旅行，或許也會因有限的經驗而變得偏心。無論如何，**旅行讓我重新認識了這個世界**。

用餐時，我們會盯著菜單挑選，就算吃不完所有品項，也會隨意挑幾樣，直接品嚐其滋味。這樣的旅行，即使不能看遍一切，卻能實際用身體去碰撞，去體驗。恰似食物消化後，會轉化成體內的各種營養，旅行，就是生命的養分。

看似不明智的「窮遊」，是我選擇的旅行方式。當時，我認爲這是最快與世界、與人們接觸的方法。離開舒適圈，走進陌生的環境，我早就知道並不簡單。用著一直以來的生活方式去思考及行動，讓置身異鄉的我，每每遭遇故有方法行不通的困境。起初，畏懼與挫敗感強烈，直到漸漸克服與適應，隨之而來的快樂感同樣強烈。

BALLYS

從小，常常聽到別人說我「適應力非常強」，而我也將這句話視作稱讚，陪伴自己成長。因此，即便第一趟加拿大之旅慘遭擊潰，卻以另一種方式在第二趟旅程中適應並存活下來。

為了諮詢而找上門的朋友，與我聊天時，最令人感到可惜的其實也是這部分，**大多數的人都活在自己有限的經驗、認知裡**，始終不肯褪下過去穿著的衣服，決心一輩子穿著似的，甚至有人直至三十歲，仍穿著十七歲的那套衣服。對這些人而言，除了自己的圍籬內，所有地方都是陌生環境。害怕、恐懼踏出圍籬，然而，待在原地是不可能有任何變化的。**即使衝破既有框架很痛，踏進嶄新的環境才有機會學習，才有機會發展其他可能性**。

美國的自由、娛樂文化、想像力，也是靠著一群堅信理想的人，才能把理想變成現實。如果沒有這群人，美國根本沒有面世的可能。美國之旅，讓我知道「幸好自己選擇踏上這趟旅程」。

滾石不生苔，而我，只想拚命滾動。我邁開腳步，離開美國，前往南美洲。我想去一個從未看過的世界。對於自己將在那裡遭遇什麼可怕的事一無所知，只有一股最純粹的滿腔熱血。

# 無論如何，旅途未完待續

「世上怎麼可能會有這種事發生在我身上？」

經過哥倫比亞，我在開啓第二趟南美洲之旅的厄瓜多，遭遇此生所有壞事。活到現在，我第一次同時間經歷這麼多苦難，甚至懷疑自己是不是中邪了……一輩子可能也不會發生一次的衰事，接二連三襲來，而且還是以超乎想像的方式……

厄瓜多不只道路狀態很差，在公車站看到的公車更令人瞠目結舌。那些公車幾乎可以稱爲「廢車」，不，確切的車況應該是報廢後又開了一百次。可是，我沒有選擇餘地。表訂行程必須從邊境前往祕魯，即使千百個不願意，我還是得搭。我一邊煩惱該如何打發在公車上的時間，一邊掏出耳機。選擇金光石的歌曲，閉上雙眼，漸漸陷入伴隨口琴聲縈繞的他的歌聲。

不知道過了多久，身體霎時猛烈晃動。睜開眼，才知道車子正途經捲起漫天砂石的蜿蜒山路。我甚至懷疑這輛車是否有辦法順利通過這段路……這時，對向竟迎來一輛卡車。

想完「啊，這一定會出事！」不久，卡車即與公車相撞。還來不及向司機大吼「停車！」公車已經飛向前方，坐在前方的乘客接連受傷。聽見傳出「砰！」一聲後，害怕車子爆炸的我，趕忙從破窗逃出，並扯開喉嚨吼叫，示意大家下車。鄰座的乘客嚇得魂飛魄散，發瘋似的衝進樹林。我以爲那位朋友精神失常，大喊道：

「嘿！你在幹嘛？快回來！」

不久後，他再次現身，表示自己以爲「砰！」是山賊引爆的炸彈聲。包括我在內，共有五名年輕人合力整理了現場。從公車搬出行李歸還乘客，並收拾玻璃窗碎片。對向卡車裝載數量龐大的玉米粒，則早已散落四周。

大致收拾完畢後，開始釐清事情始末。在不知名的地方發生車輛相撞意外，後續處理方式卻無言得令人不得不長嘆一口氣。發生這般嚴重的交通事故，理應即刻聯絡醫院或保險公司，他們卻說自己唯一能做的是，要求遭遇意外的乘客慢慢等下一班車。

合力收拾事故現場的五名年輕人中，兩名在中途下車，我與另外兩名的目的地相同。其中一名表示自己也要去祕魯，且願意帶我同行。如果想從厄瓜多邊境城市前往祕魯，得在繁多的公車站之一換乘公車。因此，有人可以帶路，實在太開心了。

平安抵達邊境城市後，荒唐之事再添一樁。從原公車下車後，需要完成蓋章程序，才能換乘另一班公車。同行的人要我先排隊，並表示塞錢給那些看起來像出入境局員工的人，才能盡快取得戳章。爲免錯過公車，我們各自付了十五塊美金，迅速完成蓋章。

然而，才一轉身已不見原公車，我們所有的行李還在車上……剎那，我的腦筋一片空白，想不到任何東西。眼前一陣黑一陣黃，甚至開始反胃。忽然想起公車的下一站，趕忙跳上停在一旁的計程車（以一般自小客車提供載客服務的計程車）。

冷靜下來，看著車窗外，莫名有種不祥預感。分明已經說了好幾次目的地名稱，司機卻假裝聽不懂，繼續開車。瞥見車上安裝多達三個計程車錶後，我知道自己遇上傳說中的「計程車強盜」。意識遭到綁架後，公車上的行李已不是重點。眼前發生的事，我分不清究竟是眞是假。後座的同行，恐慌不已。

如果能像電影情節，一把抓住方向盤，瘋狂大轉彎的話，我一定會那麼做。只是，那一幕只會出現在電影裡。司機身體動也不動，無論如何拚了命怒吼，他也沒有絲毫打算停下車的意思，而我只覺得自己整顆腦袋都是冰的。

「你想要錢！」

就算表態我們願意給錢，瘋也似的問他到底想要多少，司機也不停車，繼續狂踩油門。我使出最後一招：拿出五十塊美鈔，撕碎，撒出窗外。司機這才激動地問我是不是瘋了。機會來了。

「只要你載我們到目的地，我會把這張五十塊美鈔以外的所有錢給你。但是，你再不停車，我會把身上所有錢都撕碎丟掉。」

司機瞪著我，默默把車回轉。一到目的地，我們立刻報警。強忍的恐懼爆發，淚如泉湧。我們邊哭邊喊，向警察說明情況，路人紛紛蜂擁圍觀。然而，警察和當地人只是愣愣地看著我們，司機也在此時伺機消失於巷弄之間。

後來，才知道當地是出了名的強盜猖獗，一如往常沒做任何功課就上路的我，看來是落得慘敗收場。憶起自己差點客死異鄉，撿回一條命已是不幸中的大幸。即使早有耳聞治安不佳，卻不知道連警察也如此放任犯罪。聽說當地警察就算清楚知道搶案發生，也大多選擇睜一隻眼閉一隻眼。

然而，最令人傻眼的是，行李和以為跑走的原公車，根本一直等在蓋章的辦公室門口。假如我們乖乖排隊等蓋章，順利搭上公車，什麼事都不會發生……不安的心理，加上莽撞的個性，最終導致悲劇。面對自己的愚蠢，我只能捶地自怨。錢花光了，身心歷經慌亂與恐懼，只剩下滿身瘡痍。

不過，故事還沒結束。曾表示等我們抵達祕魯後，可以替我們導覽的朋友，卻在公車轉運站和售票處職員起了爭執。我和另一位同行旅伴，早已被計程車事件搞得神智不清了……冷靜下來看了一下，總覺得有些蹊蹺。售票處職員走向我們，詢問我「會不會講英文？」「與那個和職員吵架的人是什麼關係？」我認為我們是一同遭遇意外的患難之交，於是回答：

「我們是朋友。」

「朋友？想去你的目的地，最快的方法是坐小巴，但乘客人數要達十名才會發車。那個人說你們打算三個人一起搭，一切費用由你們兩人支付，不要相信他！」

售票處職員因為覺得不妥，兩人爭執不下，才向我說明原委。我瞬間回神，立刻上前質問他究竟是怎麼回事。他臉色不變，掏出一把刀。我實在不可置信。車禍發生時，眼前的他是比任何人都願意挺身奉獻的人，我甚至把他視為英雄……而他，此刻居然在恐嚇我……

站在售票處旁的赤腳巴西旅客，高聲朝他辱罵，引起旁人圍觀。他收起刀，一溜煙似的逃離現場。我心灰意冷……一個人怎麼能同時扮演強盜與英雄？腦筋不斷轉動，感覺是一天內經歷太多事，全身上下的能量都被耗盡般。萬一，現在再發生一件事，我眞的不知道怎麼辦。

可是，並沒有時間讓我癱坐於此，搭公車移動的日子所剩不多……我呆坐放空直到公車發車時間，心情稍微平復。人們開始一個接著一個上車，雖然非常害怕坐公車，抱持著硬碰硬的心情，我還是選擇上層最前排的位置。仔細回想，自己大概擁有非常強韌的心理狀態，不然的話，早就發瘋了。光是看著對向的車靠近，都會畏怯再次發生車禍。於是，我決定闔眼睡覺。一方面是爲了放鬆，一方面也是眞的累了。蜂擁而來的倦意，暫時驅逐了恐懼。

歷經接踵而至的險況，仍繼續旅程的原因，是每次經歷都能學到一點智慧。**面對危難時，只要不停止思考，不停止行動，一定會找到方法**。即使身陷無法脫困的險境，也存在一絲能有所作爲的希望。一起被綁架的朋友，認爲自己再也不能承受更多，選擇回韓國。過了幾年，我們在韓國重遇，他幾乎想不起綁架事件。可能造成了太大的創傷，大腦就此刪除了這段記憶。有人說，當人遭遇重大壓力侵襲後，大多選擇忘卻，而非記憶。或許，那位朋友就是如此。

恰似爲了保護自己而刪除記憶，每當危機現身，人同樣也會發揮不自知的潛力。這類的危機處理能力、機智、智慧，皆是透過經驗累積而來。儘管不知道能不能克服當下承受的困境，卻能在往後遇到任何情況時，生成果敢的判斷能力。

關於不對旅程做任何事前功課的魯莽惡習，我也有了深切反省。前往目的地前，只要肯簡單按按搜尋鍵，或許就不會害自己遭遇那等危險之事。經過這次教訓後，即便至今仍不會對旅程做詳實準備，至少會事先找找當地的基本資料。稍微改變旅遊習慣，確實產生了助益。除了旅行，工作亦然，蒐集資料的確能成爲預測危機發生，隨時找到脫身時機點的助力。

離開刀山火海般的厄瓜多，我在前往智利的公車上，懇切祈求上天保佑從今以後旅途平安，我發自眞心不想再經歷任何危險了……祈禱結束後，心靈有種莫名平靜，驚恐的心也變得穩定許多。遭遇公車車禍、綁架、強盜、詐欺、恐嚇後，其實心裡有個念頭是「哪還能再有什麼事？」然而，**人生往往無從預測，也因此生命才有意義吧**？我在祕魯遇見了超越上述所有經歷加總的事件。

# 人的運氣，究竟能差到什麼程度

提到「祕魯」，自然聯想起馬丘比丘。位在海拔高達兩千四百公尺的馬丘比丘，是座龐大的空中之城，也是許多旅客的口袋清單之一。為了一探被列為世界文化遺產的馬丘比丘，世界各地的人們皆聞風而至。近來，隨著某韓國綜藝節目的影響，使馬丘比丘人氣大增，但我早在很久以前便決心非造訪此地不可。我最好奇的是能窺探人們生活模式的城市面貌、場所、運作體系……被稱為「空中之城」的馬丘比丘，無疑是必訪行程。

藏身於此的古黃金城——馬丘比丘，其實經過了段有趣的故事才被世人發現。有位教授為了尋覓古蹟迷路，如夢似幻地遇見一名小孩，他帶領教授回家留宿。隔天，小孩向教授介紹自己平常遊樂的地方，而這座遊樂場正是「馬丘比丘」。藏匿於安地斯萬年積雪之下，撼動全世界人心之地，光用想像都足以令人感到雀躍。我一直想親自體會馬丘比丘的各種謎團與神祕。

懷抱對馬丘比丘之旅的憧憬，我從祕魯北邊開始這趟旅程。只是，我在根本不知道而分不清東南西北的地方，弄丟了錢包，心裡只有一個疑問：「人的運氣，究竟能差到什麼程度？」記得先把身上的錢分放在不同錢包，還算是不幸中的大幸。接續完成了幾趟旅程後，我穿越漫天沙塵的沙漠，默默朝向祕魯另一座城市——奇克拉約。

祕魯不存在你我認知的「公車轉運站」。每間公車公司，都有自己的轉運站，必須在確認想搭的公車後，逐間自行比較發車時間或價格等資訊，接著才能買票。更不用提悶熱得像烤箱的公車內與沙塵了……

奇克拉約這座沙漠之城，寂靜至極。就算見到零星住宅聚集，也不見任何人影。託厄瓜多之福，我手中握有一本旅行書。指了書中出現的市中心問路，往往只能聽到把「那裡」說成「這裡」的指引，就算纏住稍微能溝通的人詢問，同樣得不到正確答案。

奇克拉約是坐落於沙漠裡的一個小村。一心抱持「市中心」理應繁華熱鬧的我，原來只是錯覺。爲了清洗身上滿滿的灰塵與沙子，我決定先找間住宿。於是，我找到一間菜單裡沒有「玉米」的中國餐廳。自從車禍時清理過鋪滿路面的無數玉米後，面對玉米，我再也提不起一點食慾。

能在奇克拉約找到中國餐廳，著實令人讚嘆。雖然不知道他們是為了何種理由跑到這麼遠的地方做料理，不過，由此可知「餬口」果然是人類最迫切的需求。有人願意翻山越嶺到人煙稀少的小村落開餐廳，不禁佩服其生命力。

無論造訪世界何處，最能感受生命力的地方是市場。奇克拉約的市場以商品多樣化聞名，將各自皆已腹地龐大的四個市場合而為一後，儘管走了許久，仍不見盡頭。參觀各式各樣的工藝品、前所未見的食物、生活用品等，非常有趣。

奇克拉約市場的另類風格同樣出名，聽說有個被稱為「巫婆市場」的地方，恰如其名地販售許多古靈精怪的商品。不知是否因為得知這項情報，目光最先被賣東西的老奶奶們吸引。市場處處瀰漫著一股奇特的味道，即便只是靠近市場，也能感受散發著混雜各種味道的神祕氣氛，彷彿置身於灰濛濛的香氣之中，就會發生什麼神奇事般。光是看著奇克拉約市場，便覺得能造訪此地的自己非常幸福。

其實，奇克拉約並不只是鄉下城市這麼簡單。不僅古代黃金國（El Dorado）後裔曾落腳於此，另外也曾在距離奇克拉約數十分鐘車程之處，發現的黃金廟之一為西班牙國王的廟後，陸續又在附近發現了數間寺廟。西班牙博物館，是祕魯最好的博物館之一，館內展示黃金國時代的文物與居民的日常樣貌。入館前，必須將身上所有行李與物品全數託管予警察後，才可以入內參觀。

這間博物館，非常具有魅力。入館後，可見靠近入口處播映著電影，以及利用三層樓高的建築栩栩如生地還原過去居民的生活與用品；出口處則上映著大型人偶劇，不仔細看，眞以爲那些人偶是眞人。

參觀完市場與博物館後，我前往百貨公司。不知是否因爲是當地第一間百貨公司，裡面乾淨得不見一絲沙塵，牆面則漆成黃色。參觀百貨公司的人遠多於購物的人，人們站在手扶梯前，猶豫著該不該跨出第一步，終於在下定極大決心後，搭上手扶梯，並興奮地與旁人分享神奇的感受。他們的神情就像發現新大陸的小孩一樣，寫滿喜悅。看著人們的純樸，我不由自主地揚起微笑。

一踏出百貨公司，便聽到警報聲。思考究竟發生什麼事前，身體早已做好狂奔的準備。就在此時，警察現身，搭著類似韓國員警搭乘的大巴。一群分不清是警察還是軍人的人，穿著制服下車，周圍的所有居民都站在原地不動。原本在百貨公司裡的人，也朝著同一方向肅立，動也不動。見到如此大陣仗的警隊，且整齊劃一地動作，應該是發生了什麼大事。恐怖攻擊？謀殺案？數之不盡的詞閃過腦海，全身則像結冰似的，一步也不敢妄動。

軍人們呈一列縱隊走向某處，降下國旗。不久前聽見的警報，原來是降旗的信號聲，居民則是站在原地靜待降旗儀式結束。對自己的行徑感到荒謬的我，噗哧一笑。仔細想想，根本不是什麼值得緊張的情況，遭遇太多衝擊後，敏感的身心自然開始警戒周遭發生的事，並隨時處於戰鬥狀態。

決定稍微放鬆一下的我，走進一家開幕不到三週的餐廳。老闆顯得有些生澀，員工則非常樸實。雖不知自己何時才會再訪此地，但那時顯然與此時大不相同，心情不免有些不捨。置身時間恍如走得比較慢的奇克拉約，我再次感到輕鬆。

「在如此平和的奇克拉約，總不可能發生什麼危險的事吧！」

然而，過了幾天後，真的發生了危急狀況。我在中國餐廳吃完炒飯，走出店外一段路後，有輛疾駛的車「嘎——」一聲急煞車。匆忙下車的人，從屁股掏出了一樣東西：槍，並開始朝著反方向的人們開槍。突如其來的槍戰，嚇得我魂飛魄散、心跳飆升、雙腿顫抖，甚至連自己該躲向何處都毫無想法，「存活」是我唯一閃過的念頭。我頭也不回朝住宿處全力衝刺……

我記不起自己是如何回到住宿處，心臟瘋也似的亂跳，全身浸滿汗水。我從未想像自己能在有生之年親眼目睹槍戰，剛剛發生的事，就像一幕電影畫面，一點都不真實，身體呈現的恐懼反應，卻清楚證實了真有其事。

打開門，走進房內後，雙腿一軟。原本想走向床鋪，卻猛地停下腳步，有隻又大又黑的蟑螂於床中央現身又立刻消失。難不成……這些日子自己都和那個傢伙一起睡？看著棉被裡又爬了幾隻出來的我，髒話脫口而出。

踏上旅程，遇過多不勝數的狀況，試過公車車禍，甚至還被綁架，心情卻是第一次感到如此悲慘、哀傷。槍與蟑螂，便足以把我壓垮在地。如果沒有立刻慰藉心靈，我大概會就此在異國土地發瘋。我急迫地需要一個人，於是打了電話回家，接電話的人是爸爸。一聽到爸爸開口說「喂？」的聲線，我立即提高音量。

「你怎麼了？發生什麼事？」

「沒事……」

「你在哪兒？發生什麼事？」

「……」

萬一我坦承自己遭遇的事情，爸爸勢必會發怒要我立刻回國。於是，我只講了些不痛不癢的日常記事。隔著話筒，聽著爸爸的呼吸聲，我憶起了童年。第一次和爸爸一起吃水餃卻弄掉滾燙水餃的事、脾氣太拗挨罵的事、高中不讀書整天顧著玩，爸爸卻像通

靈一樣打電話要我即刻回鄉下老家的事……每件事都像昨天才發生，活靈活現地呈現眼前。只是一通短暫的電話，與爸爸的對談卻讓我的心情漸漸冷靜。掛斷電話前，我說了句一直很想講卻沒說出口的話：

「我愛你，爸爸。」

每每疏忽父子關係的我，來了祕魯，才懂得眞心與爸爸通話。我走進房間，坐在床上，就算蟑螂再跑出來，也沒關係了。不過和爸爸講了五分鐘電話，短短五分鐘，我卻有了變成大人的感覺。對愛的人說愛他、做錯事道歉、覺得感恩說謝謝……只有我心中眞正的大人才會向對方坦白心意，並用適當的措辭表達情緒。

**旅行，讓我領悟表達心意是多麼重要的一件事。**

「爸爸，我愛你。」

我在心中再次低語，眼淚奪眶而出。瞬間，強烈地意識「活著」是多麼值得感恩的事。我決定鼓起勇氣，繼續旅行。既然在祕魯連槍戰都經歷過了，我想厄運也大概用完了。只是，南美洲眞的是非常大的地方，相較於在智利遇到的事，迄今發生的事，不過都是小孩調皮的惡作劇罷了……

# 任何情況，都能選擇幸福

不幸，發生了去不了憧憬的馬丘比丘之事。暴雨和洪水將肆虐馬丘比丘超過兩個月才會停止，按照行程安排，我不可能在祕魯待兩個月以上。雖不如厄瓜多慘烈，但小事不斷的祕魯也不容小覷。一點一點脫軌的計畫，導致現在連馬丘比丘之旅都得宣告破局。接二連三的大小事件，我深深體悟人生不如願的事，遠遠多於如願的事。既然捨棄透過計畫、控制完成目標的想法行動，便只能欣然接受一切。心裡滿載可惜，卻不得不接受不能去馬丘比丘的現實，或許也是生命篇章的目錄之一。

即使去不了馬丘比丘，待在祕魯的每一天，我都感到開心與幸福。小小的樂事，經常在我身邊發生。遇見許多人，敞開心胸對談，並傾聽他們的故事，感覺就像與全世界成為朋友似的。某天，我在麵包店前遇見一位韓國企業家，因此得到了三明治與飲料。

「我要去智利，想一起去嗎？」

「當然好啊！」

我爽快答應。本來就打算前往智利的我，既然有幸得到同伴，想必這份幸運會持續下去。人生的安排，果然妙不可言。越過死亡之巔，才總算迎來幸運之神。這位企業家居然還請我吃了美味的晚餐與紅酒，紅酒耶！南美智利的紅酒好喝得揚名海外啊！離開環抱「的的喀喀湖」的祕魯小城市普諾，我和同行一起穿越玻利維亞。

參觀完玻利維亞的黑市後，悠哉漫步的我們，決定前往阿塔卡瑪沙漠。「黑市」聽起來宛如散發著危險氣息的後巷一樣，實際走訪才發現對於眞正有買賣需求的人，一點也不危險。市場裡固然販售著贓物，可是一踏進去，便立刻成爲最頂級的客人，得到店家親切熱情的服務。

玻利維亞之旅，其實並不順利。搭乘計程車前往住宿處，卻莫名感覺司機在繞遠路，明明二十分鐘可以到的地方，卻足足花了一小時才抵達。換作以前，我早就發火與司機爭執「爲什麼走這條路？」然後頭也不回地下車。然而，看著鬼鬼祟祟偷瞄我的司機，我反而笑了出來，自顧自地想著：

「觀光客們都會搭乘無頂遮頭雙層巴士參觀城市，那我也當作是參觀行程吧！既然

順路，就好好欣賞沿途景色。反正多走一點路也不會要了我的命嘛！」

身經百戰後，看來自己已在不知不覺間變得隨遇而安。轉念一想，便不再在意計程錶數字逐漸增加。心裡相對自在許多，既然是自己抗拒不了的安排，順其自然接受才是明智之舉。**成為長期旅行者後，最感恩的事是得到了一份名為「從容」的人生禮物**。學會遇上任何意料外的複雜情況，都能從容應對後，無論在何處遇見任何人，幸福指數都只增不減。

韓國人的低幸福指數，是眾所周知的事實。兒童與青少年感覺最不幸福的國家，也是韓國。幸福指數高低與否，並非取決於一國是否文明發達、生活便利。幸福指數最高分的國家「不丹」，是位在喜馬拉雅山上的小國，即使國民所得不高，卻有高達百分之九十七的國民表示自己感到幸福。當其他國家將發展重心集中在經濟成長時，不丹關注的是健康、環境、心靈快樂等議題。藉由多樣化國家發展政策，讓國民得到精神層面的富足。

經濟固然是讓人感覺幸福的重要元素，可是關鍵仍是「心」。**儘管一個人身處與過去百分百相同的環境，只要心境改變，從前的負面思考便能轉化成正面**。只顧著能不能吃飽的旅途，其實也提高了感覺幸福的頻率。「我該維持什麼樣的心態？」完全取決於自己的選擇，爲了微不足道的小事感到委屈、不幸？或是接受自己無力改變的現況，從中感覺點點滴滴的幸福，盡情享受旅途？

經過玻利維亞，抵達智利數日後的某天，一行人外出打算吃晚餐。那天不知爲何覺得特別疲累，所以提前與同行分開，回住宿早早入睡。睡了好一陣子，突然有人三更半夜把我搖醒。一睜開沉重的眼皮，便看到部分天花板掉落地面，定睛一看，異常的不只天花板，所有地板都在搖晃，耳邊不斷傳來東西掉落的聲響。我瞬間從床上彈起身。

「地震啊！往外跑！快點！」

嚇得魂不附體的我，匆忙逃往室外。站在跳著波浪舞的木梯前，才驚覺自己只穿了一條內褲。不過，一想到「幸好不是裸體」，我便繼續往前跨了一步，而木梯正在劇烈搖晃。一邊下樓，一邊感覺下一格樓梯快要裂開似的。每踩一步，都能聽到自己體重壓得樓梯發出吱吱嘎嘎的巨響。全身顫抖不已，心臟緊緊縮起。

「樓梯走到一半，可能就死了。」

我用顫抖的聲線，向叫醒我的人說道。往下一看，見到從建築內部往外蜂擁而出的人群，正朝著廣場狂奔。完全記不起行李或其他東西，爲了活命，只顧著立刻拔腿往外跑。當殘酷的大自然反撲時，絕對比任何事物來得駭人。

「就算要死，也先下去再死！」

身旁的人放聲大喊，早我一步往下跑。我一見狀，立刻鼓起勇氣跟在他身後，又往下跨了幾步。可是，他卻突然停下腳步。

「這副德性下去可不行，我還是回去穿一下褲子再來。」

他回頭踩著搖晃不止的木梯上樓。站在木梯中間的我，不可置信地看著他的背影，實在太令人欽佩了……此時此刻，竟然還惦記著褲子？能活著走下樓已經謝天謝地，怎麼有人可以在這種危難關頭想起褲子？著實令我目瞪口呆。然而，嚇得我說不出話的還不止這件事，聚在廣場的某些韓國人，居然在這種天搖地動的時候喝酒？他們大概分不清這股晃動的力量，究竟是地震還是醉意吧？

地震過後，滿目瘡痍。所有對外道路中斷，倒塌的建築物不計其數；爲了搶奪糧食的人們，於超市爆發暴動；不只商家，就連倉庫都被洗劫一空。所有能吃的東西，一點不剩。我一心只想立刻離開智利……機票早在一、兩個小時內，翻漲三至四倍，就算用盡千方百計買到票，機場同樣慘遭強震重創，根本沒有飛機能起飛。如果想等到重建完成，可能得花上好幾個月……我不想再被這個地方裏足，天天過著餘震不斷的可怕日子。

同行表示短時間應該很難離開智利，於是決定放棄。可是，我堅信一定有辦法。去了趟轉運站，見到一些排隊買票的人，他們告訴我「只要補差價，就能上車」所以我用高於平常四倍的價錢，買到公車票。錢，一點都不重要，最重要的是能盡速離開此地，繼續我的旅程。最後，我搭著公車，歷經千辛萬苦總算離開智利。

我親身經歷的智利大地震，被納入世界十大地震之一，是非常嚴重的天災；地震規模達八・八，震央位於距離智利首都聖地牙哥南方不遠處的康塞普森。究竟要多大的強度，才能讓遠在巴西的聖保羅、阿根廷的布宜諾斯艾利斯都能感受地震發生？這場強震影響範圍極廣，也奪走了超過七百條生命。第一次地震發生後，數百次接踵而來的餘震又持續了數週，就連餘震規模都超過五・○。這場大地震，是智利自一九六○年發生規模九・五的地震後，第二大地震。

後來，與留在當地的人取得聯繫，才知道他們被困在那裡快一個月，我是成功逃離的唯一韓國人。萬一當時沒有及時透析局勢，果斷決定離開智利，我可能會被更嚴重的後遺症纏身。

歷經地震後，有一陣子我都無法坐在飛機靠窗位置。哪怕是非常微小的震動，身體都會有感覺，並立刻想起災難發生時幾經艱難才逃脫的記憶。雖然坐在靠走道位置，震動不會比較輕，也不會比較安全……

回韓國後，只要待在稍微搖晃的地方，就會坐立不安，直流冷汗。烙印在身體的地震恐懼，似乎已在細胞底部深深扎根。直到現在，我仍比其他人更敏感於建築或地板的細微震動，後來才知道這些症狀源於「精神創傷」。

不用心理學家發聲，「精神創傷」幾乎是所有現代人都熟知的名詞。曾遭逢巨變、天災、長期受虐的人，較容易受精神創傷折磨。即便沒有再發生相同事件，光是回想，身體也會立刻產生反應。

親身經歷智利大地震，讓我重新審視生與死。我在死神面前發現那個無比怯弱的自己，卻也因身體切實感受恐懼，激發較任何時候都來得強烈的生存意志「無論如何，一定要活下去」——堅強與脆弱的心，同時存在這副軀體。

離開智利後，我再次啓程，沿途不斷回想。三個月的時間，我遇過公車車禍、綁架、強盜、地震，加上除此之外的大大小小事，這趟旅程，每天都在出狀況。

然而，同時我卻也非常快樂。坦然接受更多人事物，懷抱滿載而歸的心，盡情享受藏身於生命各處看似渺小的快樂。欣賞壯麗的大自然，讚嘆造物者的巧思與神祕，觸動激昂心情。

人的一生，免不了面對不想接受的惡劣情況。相較於正面迎戰，其實更想繞路而行或逃避。只是，我們有時需要面對與正視的勇氣。至少，有件事是確定的：**任何情況，都能選擇幸福**。

離開智利，我造訪阿根廷、巴西等地，繼續旅程。阿根廷是我最喜歡的地方，固然因爲這裡是南美之旅的終點站，只是不知爲何，心裡甚至萌生想在氣候溫煦的地方生活幾年的念頭。我猶豫過該不該就此待在阿根廷，卻又在下一秒重新繫緊鞋帶。我的旅程還沒結束……下一站：歐洲。

# 只要多於五十歐元，什麼都可以！

聽起來或許像反話，但即使身陷各種超越想像的險況，南美洲仍使我充分享受精神層面的從容。然而，當我離開南美洲，決定前往歐洲之際，立刻迎來現實層面的問題：山窮水盡的經費。我攤開歐洲地圖，注視了好一陣子，苦惱著究竟該前往歐洲何處，眼神掠過倫敦、巴黎、柏林等著名大城，我隨即將注意力由高物價的北方移往低物價的南方。於是，最後決定前進西班牙。

離開阿根廷，坐在前往西班牙的班機上，內心五味雜陳。憶起從菲律賓再次前往加拿大，憶起橫越美國與在南美洲經歷的種種……每跨越一次大陸，都讓我覺得上一趟旅程好遙遠。一想到歐洲之旅不知道有什麼在等著我，我便興奮得睡不著覺，加上目的地還是熱情王國西班牙……

「希望是趟夢幻之旅！」

滿懷期待，順利抵達西班牙。只是，熱情王國西班牙跟我一樣，正處在水深火熱的經濟危機。心裡滿是失望與惋惜。我不能在西班牙與葡萄牙待太久，勉強擠出身上各處的錢，終於湊到前往義大利的經費。我從威尼斯前往佛羅倫斯後，眞的身無分文了。不過，我還有一個隱藏必殺技，就是在韓國的朋友。早在出發前，我便拜託過經濟狀況不錯的他。

「旅途中我隨時都可能打電話給你，你一定要接！」

「好好好，知道了！」

「如果我打電話給你，表示我需要錢。」

「哈哈哈，我知道了啦！不要擔心，走投無路的時候就打電話吧！」

遇到危急狀況時，總會像想起保險一樣，立刻想起這位朋友。我只打算打一次電話。無論情況再糟，都遲遲沒打這通電話的我，總是先盡力尋找解決方法，不到生死關頭，我絕對不會打電話給他。然而，此刻就是該打這通電話的時候了。我撥通電話，響了響，卻沒人接。心想他應該是碰巧沒辦法接電話的我，再打第二次。可是，這次還是沒人接，甚至到了隔天也一樣……有種死命握住的救命繩應聲斷掉的感覺。

「求祢救救我吧！」

不知所措的我，仰望天空祈禱。有人說：「窮則變，變則通。」絞盡腦汁想著該如何賺錢的我，開始在路邊叫賣韓劇光碟。生意比想像中差，一天根本賺不到二十歐元，我知道這不是辦法，就算拋棄尊嚴，也一定要賺到錢。於是，我抓住每一個經過眼前的韓國人，開口問他們：

「需要幫忙嗎？需要導遊嗎？」

幸運的我，替一位任職於製藥公司的韓國人導遊，並開始使用這種方式賺錢。只是導遊的收入並不穩定，沒有公定價格，客人給多少就收多少，有人給得少，當然也有人給得多，所以我決定爲導遊制定基本日薪。

「只要多於五十歐元，什麼都可以！」

當時的五十歐元，相當於韓幣七萬五千元（約台幣二千二百元）左右，那是我第一次開始思考自己的身價。我嘗試用最客觀的角度，判定自己這份工作的價值。偶爾會出現想確認我是不是騙子的人，婉轉詢問：

「收五十歐元的原因是什麼？」

「工作一整天，有時能收到二十歐元，有時能收到一百歐元，甚至一百五十歐元，所以我決定將日薪設爲五十歐元。」

大多數人都願意相信如實以告的我。爲了脫險，偶爾不得不發揮一點機智，可是我一直努力堅守自己誠懇的態度，只有這樣我才對得起自己。虛僞或許能逃得過一時，終究逃不過一世。看著肯定我設定五十歐元爲日薪的人，我知道自己成功傳達了眞心，心情極佳。

爲了籌措歐洲之旅的經費，我做過各式各樣的工作。離開義大利前往德國時，做過代購。德國的藥品比韓國便宜，我主要代購異位性皮膚炎的藥。有韓國教授赴歐參加博覽會或交流學會時，我也會幫忙他們，打打零工。當我說出自己曾做過這些工作時，有些人會問：

「話不是這樣講，就算什麼錢都肯賺，自己也要有點能耐吧？有能力才有工作吧？」

每次聽到這個問題，我的答案都是否定的，**只要願意發掘，每個人都有獨有的能耐**，除非自己不肯多思考，不肯仔細聽聽別人的經驗談。

「那是因爲你膽子大，因爲你有挑戰精神啊！」

只要有人這樣回答，我便不再回話。當時自己願意勇敢嘗試每種可能的原因，說不

定只是每天迫切地需要餬口飯吃罷了。唯一可以確定的原因是：**不做任何嘗試，永遠得不到任何結果**。反正做了又不會少塊肉，無論結果是好是壞，只要勇於挑戰，能學到的東西絕對比什麼都不做來得多。

老實說，經過反覆嘗試失敗後，「屬於自己的故事」是我從中獲得最寶貴的祕笈。沒有任何故事，比敞開心胸如實敘述自己的故事，更能震撼人心。誠實描述自己的經歷，讓聽者自然敞開心胸，集中注意，產生共鳴。「我在這裡待了一段時間，知道有個地方很棒」「有間很多人排隊的餐廳」諸如此類的資訊，意外受到大家歡迎。哪怕只是早一步踏上這片土地的人，已值得初訪者信賴與安心託付。只要我誠實、坦白，對方也能百分百感受。

歐洲之旅，讓我學到了適用於未來的人生態度，「**再小的事，也要盡力而為。帶著自信，勇敢挑戰；展現真誠，奮力一擊。誠實面對自己做不到的事。**」這樣的態度，無論身處任何情況、遇到任何人物，都是一股龐大的力量。

# 回顧世界，便湧現創意的旅程

歐洲之旅途經的每處，都有許多著名觀光景點，一大早就擠滿蜂擁而至的人群。不過，我反而偏向避開大家口中「非去不可」的地方。前往某個特定地點時，無論是否爲著名景點，我也不會特別做太詳細的資料蒐集。自從被不做事前準備的壞習慣，害得往返鬼門關幾回後，我開始會在抵達前粗略做點功課，只是始終比較喜歡「隨興而至」的旅程，而非「胸有成竹」的旅程。

抵達目的地的第一天，我會二話不說放下行囊，外出散步、認識朋友。逛逛書局，確認有沒有自己想去的景點，或其他國家沒有的地方。偶爾有人會問我「爲什麼選擇這種方式？」我想，觀光景點無疑是每個城市的一部分，只是我更想認識的，是生活在那個城市的人，即他們的生活面貌。不同的環境或文化圈，造就不同的生活方式，才是我最好奇與喜歡的部分。

有些人看電影前，喜歡先查劇情大綱、角色、演員背景等，有些人則喜歡「兩手空空」直接進場，而我就是後者，若與自己想像不同，倍加過癮。符合預期的街道、顛覆想像的景點……期待的感覺，帶來難以言喻的快樂。

即使到了著名景點，我也有一套獨門欣賞方法。舉例來說，進入聞名世界的美術館，人們看的是藝術作品，而我看的是運作體系。美術館的腹地範圍與作品數量都非常驚人，卻有辦法讓無數進進出出的人不在館內外出任何差錯，美術館勢必擁有一套極為完善的運作體系。興高采烈觀察這一切，正是我的奇怪嗜好。

每個人都有適合自己的衣服，**再怎麼拚命模仿別人的穿搭風格，終究不會適合自己**。穿著尺寸過大或過小的衣服亦然，唯有身著合身的衣服，才能活動自如，心裡也才舒服。我的旅行方式，恰如適合我的衣服一樣舒服。在演講或諮詢場合遇到的年輕人們問我：

「窮遊是比較好的選擇嗎？」

我的答案永遠只有一個：

「可以試試，但不太推薦。」

原以爲我一定會二話不說回答「當然！」的他們，聽到意料之外的答案，通常會露出相當驚訝的表情。窮遊，依據個人努力，的確能獲得許多寶貴經驗。可是，旅行應該是件對自己有所助益的事，而不是別人說好，自己便無條件選擇同樣方式，這樣的旅行過程，往往只是苦了自己。

藉由窮遊，我確實找到人生方向，也奠定自己想從事現在這份工作的心。然而，像我一樣不做事前準備，喜歡亂晃亂走的旅行方式，可是會錯過體驗大家喜歡的觀光景點或慶典的大好機會。和我一起旅行的人，便有過覺得太累、太辛苦而中途回頭的例子。因爲自己的缺失而發生爭執時，心裡眞的很難受。

旅行也要循自己獨有的方式，才能眞正享受在當地的時光，盡情欣賞每一處。團體旅行、腳踏車旅行、窮遊……務必好好思考，究竟什麼才是眞正適合自己的旅行方式。有人聽說團體旅行很好，便盲目跟隨，卻發現整天舟車勞頓，還得在購物中心虛耗時間，最後只換來一肚子氣；有人聽說和朋友一起旅行很好，便隨意徵詢旅伴同行，最後搞得自己狼狽收場，跟生活步調截然不同的人一起旅行，無疑是替心理徒增一份行囊。經歷惡劣的情況，雙方發生爭執後，各走各路，甚至回國也不再聯絡的例子大有人在。人爲因素造成的痛苦，往往只會讓人想不顧旅行，直奔回家。

176

決定想看什麼東西，也是一大學問。就個人而言，我在各國幾乎都會避開一切慶典，因爲我覺得慶典並不是一個國家的眞正容貌。況且如果眞的想仔細看看一個國家，不應只是聚焦於知名景點或大城市，而是要感受每一個面向。從大城市，走進小城市，最後到訪鄉村，全面透析一國的行政體系與現勢。大城市與小城市間，往往存在著令人心寒的差距。我喜歡觀察其中差異，好奇並樂於思考個中原因。

前往任何國家，我一定會造訪其首都。夢想有天要親手設計一座城市的我，偏好選擇行政體系最完善的首都旅行；走進各處的公家機關，觀察一切人事物，也是件相當有趣的事。

舉例而言，祕魯是貧富差距非常嚴重的國家，通常貧富差距越大，治安也越差。因治安問題，活像隻驚弓之鳥的我，直到看見慢跑的人，才突然鬆懈下來。放鬆僵硬的軀體，刹那意識自己整趟旅程原來如此緊張。時刻恐懼不知道會發生什麼情況的我，不自覺讓身體一路維持在緊繃狀態。

我所選擇、決定的旅行方式，會依情況改變、修正，漸漸形塑一套屬於自己的旅程。隨著時間流逝，我也因此得到許多能應用在實際生活的創意。旅行時，我總習慣用三、四本筆記本記錄，且都會在筆記本的第一頁寫下：

## 「環遊世界，擁抱創意！」

我喜歡深入與當地居民相處的「貼近型旅行」，途中獲得的經歷也化為基石，讓我擁有更銳利的眼光，回頭檢視自己國家的行政體系。

「這是借用某國的體制嘛！那是某國也有的東西嘛！」

起初，從未想過旅行會對我的人生帶來如此劇烈的影響，旅行卻為我的人生奠定重要的里程碑。近來，有人邀請我參與協助「青年城市移民計畫」。有幸成為幫助別人的人，無疑也是「旅行」送我的獨家禮物。親身體驗過這個世界，了解更多層面後，自然能以各式各樣的案例為沃土，孕育天馬行空的創意。

然而，若說起旅行送來**最重要的禮物**，我想會是：「**人生**」。利用旅行學到的「空檔年」概念創設公司，正是為了幫助越來越多人為自己的人生選擇更好的方向。歐洲之旅，讓我清楚如何將自己想做的事情、想買的東西、想擁有的東西，製成一份具體的計畫書，就像為了實踐計畫內容，必須與外國相關業者會談，說服他們達成協議。

舉例來說，在義大利旅行時，我見過許多擁有匠人精神，鍥而不捨地延續留傳已久的傳統技術的人。當地依然有人為了傳承寶石、陶瓷、玻璃工藝、大理石雕刻而成的樂器等各種技藝努力，其中我發現一樣自己非學不可的學問，製作世界獨一無二的戒指細工藝。威尼斯里阿爾托橋附近有許多擁有獨門技術，並憑感覺製作作品的商家。由於需使用鐫版術（engraving），所以細工藝費用很高。即使如此，還是好想製作專屬於我一人的戒指……向來沒什麼物欲的我，第一次如此渴望擁有一樣東西。雖然最後沒能成功製作戒指，卻因此啓發了我的創意。後來，懷抱著這項創意的我，開發了向歐洲匠人學習技藝的課程。萬一不曾旅經義大利，我大概也不可能開發這項課程。

無論選擇哪種旅行方式，我奉勸各位一定要在啓程前，好好傾聽自己的心。如此，才能知道自己想要什麼，想透過旅行體驗什麼。**一趟旅行，要從面對自己開始**。接下來，只要跨出邁向世界的第一步就好。

踏過西班牙、義大利、德國後，我的腳步又從希臘移往保加利亞、蒙特內哥羅、波士尼亞、克羅埃西亞，東歐之旅未完待續。

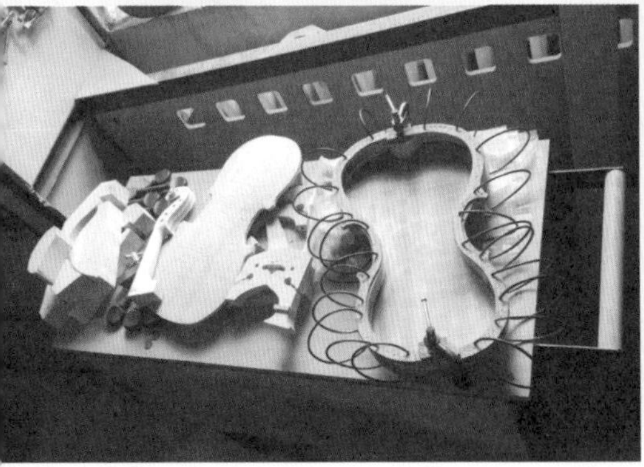

# 想要裝入新事物，先要丟棄舊事物

極簡生活、極簡主義是近來的流行趨勢。極簡生活是針對人的一生為了過度擁有、過度消費，而耗費太多時間做出反省。曾經，也有人鼓吹擁有越多越快樂，只是最近吹起「斷捨離」風潮，主張藉此豐富生命層次。

成為長期旅行者，將大部分時間用來旅行後，自然成為了極簡主義者，因為擁有太多東西，絕對是種負擔。陪我走遍各地的旅行背包重量，不過才八、九公斤，裡面只裝著簡單的盥洗用具與幾套衣服。萬一裝了太多東西，時不時都要卸行李、裝行李，那可一點都不有趣。光想到要背著一堆東西移動，我就覺得可怕。

仔細回想，我一直以來都只帶著極少的東西過日子。工作也是如此，開始新計畫時，為了聚焦重點，一定會將不需要的東西一件件去除，選擇最忠於本質的方案。

以前減重時，最先做的就是消滅周邊所有食物。專心減重時期，爲了避開朋友，索性連手機都不用。殲滅一切妨礙減重的因素，營造只能專注控制飲食與運動的環境。或許，把自己推到懸崖邊，就是我獨有的行爲模式。總之，這個方法對我非常有效，至今依然樂此不疲。

其中當然也存在副作用。爲達目的，不惜放棄許多東西的極端行爲模式，讓我有了後遺症。專心集中一件事時，我感覺不到且疏忽其他具有同等意義的事。然而，我始終認爲要填補某個地方，必須先挪出空間。裝得滿滿的碗，是不可能加入新東西的。啓程前往陌生地方的旅程，其實也是丟掉心裡裝滿的舊事物，再填補新事物的過程。

從歐洲前往中東時，曾在約旦遇過一位英文講得很好的計程車司機。沿路與他聊了很久後，我清空了過去一直奉爲圭臬的想法，不只是改變思考方式，而是徹徹底底打破心裡的那一個「碗」。

「美國批判中東爲『邪惡軸心』，你們一定很討厭美國吧？」

「我們並不討厭美國，那是世人的錯誤認知，我們討厭的只有美國政府。」

計程車司機是位年輕人。從二十幾歲的他口中說出這個答案，我非常震驚，有種後腦勺被揍了一拳的感覺，腦筋一片空白。聽見他將個人與國家分開的想法，我才驚覺自

己的提問基礎築著偏見與刻板印象的項圈。自覺暴露偏見後，我感到相當羞愧。爲了掩飾羞愧，我再次發問：

「討厭美國人與討厭美國這個國家，有什麼不同嗎？」

「國家或文化形成美國人現在的模樣，我認爲美國人本質還是善良的。」

「對於好萊塢電影把中東寫成壞人，與大肆批評中東的宗教信仰，你怎麼想？」

「我們的宗教，不曾教過我們仇恨別人。」

「這裡不是存在『以牙還牙，以眼還眼』的法律嗎？根據這樣的法律，難道不該用相同方式還以顏色嗎？」

「我不恨美國人，也不想向他們報仇。以牙還牙，以眼還眼的法律，是爲了保護家人與自己才不得不存在的選擇。我們是氏族社會，從以前到現在都是與兄弟們合力保護部落，基於這樣的前提，如果我的小孩被打，或我的妻子被性侵時，當然得出手報復。不然，我會被指責爲保護不了妻兒的渾蛋。不採取任何行動的下場，我可能得就此接受孩子繼續被欺負，妻子繼續被性侵。所以我相信遭受不當行爲時，就該起身報復的道理。只爲了能在父系社會裡，不被當成蠢蛋，不必接受斥責。」

對話越來越有趣。我接著問他「『報復行爲』是法律保障範圍嗎？」他回答「在他生活的地方，那是『正當防衛』。」對他們而言，「正當防衛」的範圍很廣，採取正當防衛也能獲得減刑。我們的聊天主題轉向宗教：

「你怎麼看改信其他宗教這件事？」

「我們不反對別人改信其他宗教，只是再回來的話，就會被丟石頭。」

有些不解的我，詢問原因爲何。

「改變宗教信仰是個人選擇，倒無傷大雅，但重回神面前，就是種汙衊。」

他真摯地說著，我卻很難全盤理解。不過，大致能掌握他想表達的重點。透過這段對談，讓我學到比較或汙衊不同國家的文化，本身就是件沒有意義的事。其中沒有對錯，只有異同。撇開他的思想正確與否，形塑其思想的是環繞身邊的環境，而文化與法律就在這樣的環境內成形。最後，日漸成形的文化扮演支配人的角色；韓國社會即是受儒教文化支配。然而，這個論點並不是絕對。

一名約旦的計程車司機，刺激我的思考泉源，遠超過任何哲學家。聽完他的話，感覺自己至今努力熟悉的各國核心價值，瞬間崩解。什麼資本主義的中心思想，什麼歐洲文化遺產……我不禁存疑。

「世界不存在完美的思想，只存在各自認爲正確並堅持主張的思想。」

我再次自言自語。

「沒有對錯，只有異同。」

透過旅行變得堅固、深信的思想，又被擊碎。只是，正因被擊碎，心裡反而覺得舒坦，感覺得到真正的自由。我想，**渴望得到越強大的事物，越得大刀闊斧捨棄原有事物**。有段時間，我的ＳＮＳ狀態甚至寫著「越強，越捨」。懷抱這個中心思想，我前往下一個目的地：亞洲。

# 爲了撫慰疲憊身心的療癒時光

自開始旅行那刻起，我便決定「亞洲」爲終點。因爲我認爲亞洲是適合療癒疲憊身心靈的好地方，在加拿大萎靡不振時，正是去了趟菲律賓，才有機會恢復氣力。旅經北美洲、南美洲、歐洲、中東，我的確學到很多，只是身體也眞的累了。爲了讓辛勞的身體好好休息，亞洲成了我的最終站。

旅行，讓我變了很多。一個曾經以「我」爲中心，一切思想與行動都繞著「我」打轉的人，不知道從何時開始，放下了「我」。**放下自我，才開始看得見這個世界**，映入眼簾的周邊人事物，變得格外清晰。有句話說「別人的痛苦，往往比不上自己指甲裡的一根小刺」。走遍千山萬水，我才終於拔去那根小刺，懂得用更多的憐憫之心，感他人所感。只是，肉體長期承受的苦難，也漸漸聚積成疲勞與壓力。我決定將過去省吃儉用剩下來的錢，好好享受亞洲之美。首先，當然是享用美食，找回失去的營養與胃口。我二話不說，啓程前往菲律賓宿霧。

在宿霧，有三種令人退避三舍卻又不得不試的飲食。第一種：Tanduay酒，是極烈的蘭姆酒，基本款五十度，進階款七十五度。如果打算放棄隔天早上時段，一嚐無妨。由於喝了這款酒會無法站立，因此又被稱爲「癱瘓酒」。第二種：Jollibee Burger，整個漢堡沒有任何蔬菜，只有一塊漢堡排和一份麵包，卻美味無比。另外，還有名氣不亞於Jollibee Burger的Jollibee Spaghetti，口味算是中規中矩。第三種：鴨仔蛋（Balut），通常在路邊攤或市場販售，蘸點醋或辣醬即可食用，是相當具代表性的補品，深受當地人喜愛。鴨仔蛋其實就是受精卵，所以蛋殼內即爲已長出羽毛或骨頭的孵化前小鴨，那股風味實在奧妙得難以用人類的語言形容。

以我的標準而言，旅客大致分爲兩種：「吃當地食物」與「不吃當地食物」。有的韓國人出了國，還提著大包小包的泡菜、海苔、泡麵、辣椒拌醬等，幾乎不吃任何當地食物，不是隨身帶著韓國食物備用，就是到處尋覓韓國餐廳。外國大多數的韓國餐廳，不僅味道不如韓國，連價格也翻漲數倍。因此，往往是花了大錢，卻沒能好好吃飯，不僅換來一肚子氣，也很難再在旅行地停留太久。

相反，有些人無論到世界任何地方，都能吃得很開心。他們樂意挑戰當地食物，不管調味多油，味道多怪、多濃，任何奇形怪狀的料理，概不拒絕，比起在自己國家，置身異國體重不減反增，神情卻開朗無比。除了日常三餐，各種零食和路邊小吃，也絕不放過。我認爲，這種人就是命帶食祿的類型。

身處陌生的地方，如果連食物都不合口味，無疑是種折磨。不過，我覺得還是**盡量嘗試當地的食物**，畢竟一旦錯過，一輩子可能不再有第二次機會。就算看起來難吃得無法下嚥，我試過閉著眼睛勉強一試後，才發現美味得令人驚嘆；也試過差點錯過一生不吃一次絕對後悔的美食。

侷限一詞，不只適用於食物。以前我不太喜歡山，如果有人邀請我一起爬山，我總會反問「爲什麼要爬山？」能看到的風景大同小異，能做的事也大同小異。

然而，菲律賓徹底打破我對山的刻板印象。看過薄荷島巧克力山（Chocolate Hills）的照片後，才發現山不只存在自己想像的那種型態，光是見到照片，都足以美得讓人魂牽夢縈，於是我決定親眼體會這一切。每逢乾季，就會變成巧克力色的山，該有多神奇啊！

菲律賓，是每一處都能激發人想再前往另一處美景的地方。拖著操勞的身軀從加拿大跑到菲律賓時，雖沒能親訪薄荷島，日後卻始終掛念著那裡是否眞如照片充滿神祕色彩。然而，一抵達宿霧機場，卻突然被要求檢查行李。任誰都明顯看得出我是個單純的旅客……通常像我這種只帶一個背包又其貌不揚的人，連海關都只是隨便看看就放行過關，這次居然得接受甚至有點過分的詳盡檢查……不過，我非常從容，因爲再怎麼倒空我的背包，也不可能有任何違禁品。無論怎麼翻，也找不出所以然的檢查人員開口問道：

「你爲什麼一口氣帶齊四個季節的衣服？」

竟然是如此荒唐的問題。就算表明自己一趟旅程會經過四個不同季節的地方，對方卻只是愛理不理地把東西收回背包。外面滴滴答答下著雨，滿懷期待的我，見到下不停的雨水，實在難掩失望。可是，巧克力山的壯觀，卻一掃所有失望。眼前景色與照片不同，照片看起來像山，實際看來反而恰如英文名字，更像綿延不絕的小丘。聽當地人說，這裡有超過一千兩百座小丘，原本是一座座隆起的珊瑚島，我不禁開始想像巧克力山的原始樣貌。

位在海拔兩千公尺的「Hidden Paradise Resort」，是我在菲律賓最喜歡的住宿。一如其名，藏身於深山，且難以抵達。搭車上山後，還得換乘摩托車或牛車。然而，一到

現場，彷彿置身天堂。山上有三座游泳池、釣魚池、各種娛樂設施，當地居民是主要客源。由於客人不多，所以能盡情享受，舒服休憩，而且居然還提供韓式燉雞！甚至還在這裡見到跟我大腿一樣粗的蠑螈，嚇得我三魂不見七魄。盡情在山上游泳池游泳，隨時隨地都能享受尊貴服務，我不由得開始好奇這裡的經營與管理體系。菲律賓確實從各種不同層面，刺激了我的想像。

不只菲律賓，亞洲還有許多適合旅遊的好地方。只要在潛水用品店或ＫＴＶ打工就能賺錢，工作機會俯拾皆是。就算只是小錢，也足夠讓人盡情享受。

一邊思考還要繼續多久的亞洲之旅，一邊起身前往香港。就在停留香港之際，突然接到來自韓國的電話，是爸爸。他命令我即刻回國，於是亞洲之旅就此落幕。隨著我匆忙返韓，心裡難免感到有些可惜，卻沒有絲毫不捨。唯一好奇的是，爸爸爲什麼這麼急著要我回國？

Part 3

# 將旅途中發現的夢想，付諸實踐

# 旅行經歷，需要時間消化

爸爸一聲令下，我即匆忙結束旅程，回國詢問爸爸原因爲何。

「我開玩笑的。」

「是開玩笑吧？」

爸爸與我相對而坐，再無話可說。按照原定計畫，亞洲之旅會持續兩個月左右，並在其間報考一些與海上活動相關的證照。爸爸突如其來的一席話，我二話不說立刻回國，現在居然說只是「開玩笑」？爸爸是會開這種玩笑的人嗎？那麼，我至今所熟知的那個爸爸，是誰的爸爸？腦海中不斷閃過各種疑問。

我之所以沒有反抗爸爸的命令，並立刻妥協回國，是因爲他揚言要刪除我的戶籍。爸爸是在法院任職的人，而且依他的性格，我認爲他眞的會付諸實行。至少，我認識的他不是會開這種玩笑的人，萬一當時只是把他的話當作玩笑，我相信自己的戶籍眞的會被刪除。

「我不知道你又要去哪裡，所以先下手爲強。不過，你怎麼這麼快就回來？」

「呵呵呵……是啊……」

爸爸看來有些慌張，看來他沒想到自己一句「馬上回來」，我眞的馬上回來了。動作很快的習性，我像足了爸爸，只是爸爸永遠技高一籌。

「既然回來了，現在開始不要再旅行了，好好想想以後要幹麼。」

「好，我會好好想想。」

雖然回來的理由很荒謬，反正回來了，姑且先畫下句點。旅行時，滿懷雄心壯志的我曾想過回韓國後，一定要闖出一番大事業，沒想到眞的回到韓國，心裡反而很平靜。一到機場，第一個念頭不是什麼理想、事業，而是「好冷」。雖是六月，但冷氣實在開得太強了。現實生活，與離開前一模一樣；回家後的我，似乎也和從前沒什麼兩樣。就某種層面而言，其實有點空虛。

話雖如此，熟悉旅行的身軀，並沒有遺忘那種感覺。渴望找尋自己想做的事，接著將夢想付諸實踐的心，也不曾改變。以後想做什麼？其實早已有了答案。可以的話，我想繼續用「旅行者」的心過日子。

我認爲，旅行者的一天，至少比一般人的十天來得有意義。因爲一天內會經歷許多事，以及許多無法預測的狀況，其強度相當高，且能在過程探索更深層的自己。我同樣花了一年四個月的時間，找到屬於自己的人生方向。這是一段任何工作經驗都無法取代的寶貴時光，我爲此自豪。如果能重回出發前一刻，我一樣會毫不猶豫啓程旅行。

距離新學校開學，還剩下一點時間。我決定利用這段空檔，再去一趟日本。這次，是規規矩矩帶足經費的旅行。再訪日本，是因爲第一趟日本窮遊回來後，某人說過的話，一直像一根刺般插在我心深處。

「窮遊?該花的錢不花，爲了體驗什麼?吃不好、睡不好，也沒能好好觀光，不過只是半趟旅行罷了。」

**半趟旅行**!第一次聽到這個詞時，耳朵嗡嗡作響。從心底深處有股不知道是不爽的情緒，還是什麼其他東西，猛地竄湧而上。窮遊確實辛苦，對於當時得意於選擇用自己的方式旅行的我，實在難以接受這致命一擊。不過，他說得並沒有錯，我既不服，又無法反駁，只能默默把這番話埋藏心底。

時光流轉，踏遍四方，累積無數經歷後，才漸漸理解他的話。啓程旅行，是爲了體驗，如果只是盲目爲了省錢，根本不存在非遠行不可的意義。只是，決定把錢花在什麼地方，發揮其應有價值，則取決於旅行最初的目的。第二趟日本之旅，便悠閒自在許多。同時，也需要些許時間消化過去環遊世界的感受與體悟。最後，我有了將篇篇隨筆整理成遊記的念頭。

一回到韓國，我隨即上傳了一、兩篇遊記。我希望，藉由旅行獲得的創意與領悟，並非只是一個人的經歷，而是**將一切奉獻給這個世界與更多的人**；或是能將他國許多優秀的行政體制，引入自己國家使用，何嘗不是件好事？有時回國，發現好久不見的韓國也有了新制度時，每每令我驚訝萬分。

「如何爲現實與理想間搭上一座橋樑？」

一有時間，我便思考這個問題，並勤奮地造訪相關機構。接著蒐集、整理各方資料，製作心智圖。越是思考，我越確信自己究竟該走向哪條路。最後，我決定幫助更多的人解決關於夢想、前途、人生的煩惱。

當時，隨著「社會企業」與「國家品牌」等概念嶄露頭角，我認爲正好適合嘗試與旅行所感所悟相互結合。於是，我參加政府主辦的「國家品牌委員會大學生贊助人」計畫。實際參與活動後，我開始有了索性成爲主導人的想法。後來，剛好又出現了另一個

NewTrend
G20
세대
NewTrend
G20
세대

機會。我獲邀參加青瓦台舉辦的「G20世代網路顧問團」，成爲青年政策顧問委員，即於一個月內召開一、兩次會議，詢問青年需要什麼樣的政策，並於會中提出新意見的活動。對我而言，這一切都是學習的過程。

每天都在咖啡廳上班，邊將整理好的遊記上傳到部落格，邊花時間鑽研政策。直到某天，偶然聽見隔壁桌年輕人的對話。共有十名年輕人，由其中五、六名主導談話，主要內容爲炫耀自己的經歷。

「我修完咖啡師課程後，自己煮了拿鐵……一定很快可以拿到咖啡師證照。」

「我聽了○○○作家的演講，印象相當深刻，開始有了寫作的欲望。」

「我參加了大企業主辦的大學生對外貿易活動，學到很多實務，感覺很棒！想挑戰進那家企業工作，到時候發薪水再請大家吃飯。」

他們的談話多樣且充滿活力，卻有幾名態度截然相反的年輕人一語不發，只是靜靜聽著朋友們高談闊論。一心等著他們之後會發表自己意見的我，到了最後，始終沒看到這幾名年輕人開口。有人的神情同時參雜羨慕與被冷落的情緒，有人強忍疲倦不耐。

從旁觀察他們一陣子後，突然有股微妙的感覺。一群人用著自信滿滿的聲調，暢談自己的經驗，另一群人像透明人一樣默默坐著。爲什麼有人是講自己故事的人，而有人是聽別人故事的人呢？或許，我也無法輕易回答。約莫過了一小時，他們的談話也差不多告一段落了，席間出現短暫的沉默。就在此時，腦海浮現環遊世界時聽過無數次的詞彙「空檔年」。

空檔年，恰如其名，意即爲人生找一段「空檔」。爲了自己的未來與人生方向，留一段專屬於自己的時間，於這段時間內尋找夢想、探索未來、思考自己的專業，以積極進取的方式選擇人生方向。這個概念，早在其他國家行之有年。

旅行途中，我遇過許多曾在國外生活的年輕人。無論來自東方或西方，除了自己的國家，數之不盡的年輕人正一步、一步挑戰外面的世界，選擇前往其他國家實習、當志工、旅行、打工度假、移民等。「爲了體驗更寬廣的世界」於是我啓程旅行，不禁好奇別人又是基於什麼原因選擇開始旅行呢？我總是問他們：

「你爲什麼來這裡？」

旅行的時候，往往會自然地與途中遇到的許多人交心。即使彼此的故事都不同，卻總能用一句話總結「爲了尋找自己的未來、前途、夢想」。爲此，不惜飄洋過海前往異鄉，拓展視野，挑戰全新事物。他們堅信，一段段旅行經歷，絕對能對未來人生產生助益。

看著他們，我既驚訝又羨慕。令我感到驚訝的原因是，爲了夢想，自發性前往他國挑戰自我的年輕人數量遠遠超乎想像，以及送別他們時，身邊親友都抱持鼓勵與支持的態度。相較於我的情況，身邊親友十個之中，有十個都曾挽留過我。

「現在是你悠哉出遊的時候嗎？倒不如用這段時間提升多益成績。」

「那你怎麼找工作？學經歷又不是很好，居然還跑去旅行？腳踏實地吧！」

「沒事找事做，乾脆拿這段時間多背幾個有用的知識。」

每個人開口閉口都是學經歷、求職、現實。然而，旅途中遇見的人與支持他們的人，通通認爲**「再沒有比旅行更偉大的學問了」**。對他們而言，認識世界正是最偉大的學問。最令我羨慕的是，他們將這樣的想法視爲理所當然，**尊重自己的時間，同時也尊重別人的時間**。

相反，正在國外生活的韓國年輕人多半這麼說過：

「我想在國外生活，不想回韓國。我的夢想就是移民到這裡，然後過著幸福快樂的日子。讓我不用再看人臉色過日子，自在享受人生的這裡，眞的好棒！」

第一次聽到這番話時，我有些震驚。居然會覺得在別人的國家生活，勝於在自己的國家生活？究竟在韓國時多麼辛苦，對未來感到多麼迷惘，才會講出想在語言不通的異鄉生活的想法？選擇在他國生活，往往很難找到工作。就算不是正職，只是靠打工度假過日子，也比在自己國家生活令人稱羨的原因到底爲何？到底是什麼動機讓他們將「移民」視作一生夢想？源源不絕的問號，恍如颱風般席捲而來。於是，每遇到一個人，我便開口提問：

「你爲什麼選擇千里迢迢到別人的國家工作、當志工？」

**「這是我的空檔年。」**

答案簡短有力。初次聽到「空檔年」時，我不以爲意。一方面是陌生詞彙本來就比較難吸收，另一方面則是爲了用英文對話，我必須忙著在腦海翻譯下一句話。然而，持續在不同人口中聽見「空檔年」一詞後，對我產生潛移默化的影響，也就此駐紮於腦海深處。

於是，這才頓悟自己過去那段時間的旅行，正是我的「空檔年」。對「空檔年」概念一無所知，單憑一股勇氣啓程的旅行，卻決定了我人生的方向與未來。不只爲追求理想或夢想，我更苦惱的是該如何將一切現實化，體現那段時間正是「空檔年」。

絞盡腦汁的我，再次望向隔壁桌拚命述說自己人生經歷的年輕人。他們有個共通點：願意把時間花在學業或興趣。一心想成爲咖啡師的那位年輕人，爲自己親手完成的拿鐵感到自豪；希望成為作家的那位年輕人，因為近距離接觸作家後，內心燃起熊熊烈火；以任職大企業為目標的那位年輕人，洋溢自覺能成功達標的滿滿自信。

他們清楚自己的方向。即使眼前可見數萬條道路，他們卻早已決定屬於自己的那條路，勇往直前。**只要我知道自己的方向，知道自己應該做什麼，自然就會產生力量**。哪怕是再小的事，只要是自己想做的事，總令人興奮不已。

自從那天起，我正式開始蒐集「空檔年」相關資料。恰巧學校要我們交一份小論文，或翻譯一份兩百頁以上論述某公司或產業的資料，於是我選定以「空檔年」為小論文題目。我埋頭研究「空檔年」，並非為了交作業，而是眞心對這個主題充滿熱忱。當時身邊朋友都認為好好上學，擁有自己的時間，遠比休學旅行，以積極的方式體驗空檔年來得重要。一邊研究空檔年，一邊煩惱該如何充實自己時間的我，突然有了「通識課程自主化」的想法，即通識課程不只能在自己學校上課，亦能選擇到其他學校上課。

找齊各式各樣的案例，一個人專注研究之際，空檔年的概念漸漸變成清晰而具體的模型，我甚至蠢蠢欲動地想將這個模型企業化。仔細思考適合套用於何種企業型態後，我決定選擇社會企業。選擇社會企業的原因，在於我想追求「價值」，而非「利潤」。除了賺錢，我還希望透過空檔年解決社會問題，幫助更多人找到擁有人生意義的工作，並心甘情願爲此奉獻下半生。

就結果而言，我也算藉由旅行度過空檔年，不過空檔年不只能用來旅行，有人花一年時間只爲看星星，有人只爲運動，有人只爲學料理。不過，其中都存在一個共通點：花時間仔細思考自己的人生。迄今，我始終認爲自己能在旅途遇見「空檔年」是命中註定，而我衷心感謝這樣的安排。

## 被囚禁在名爲「夢想」監牢內的人們

開啓一天的清晨，是我最快樂的時刻。早上起床，無論再忙也會花十分鐘思考。坐在書桌前，整理與計畫「今日待辦事項」，而這十分鐘也是一整天專注力最強的時間。工作，或許是種義務，不過若是自己選擇的義務，便不感厭煩，而是種幸福。順利完成預定計畫後，又浮現新點子時，眞的非常快樂。

到公司上班的第一件事，是打開電子信箱，詳細閱讀預約諮詢的年輕人寄來的自我介紹。我的二十幾歲，就在邊尋找自己與夢想，邊探索職涯生活中度過。幸虧自己選擇用滿腔熱情走過那段歲月，度過徬徨與探索的時期，現在才成爲能傾聽年輕人並與其分享經驗的人。正因我也曾經徬徨，因此更能對他們的故事產生深層共鳴。無論是什麼故事，我都願意仔細聆聽，盡力讓他們知道自己的煩惱其實不只是煩惱，而是人生的轉捩點。這是我的工作，也是一份義務。

實際與年輕人談話，發現某個詞的出現比例高得嚇人：「夢想」。有趣的是，隨著不同人、不同故事脈絡，這個詞也有著全然相反的定義。有人說是「無謂的理想」，有人說是「渴求的成功」，究竟我們的夢想是什麼？當問起孩子們的夢想是什麼時，他們總能說出一些出人意料的答案：

「我長大以後要當甜甜的東西，因爲我想帶給別人快樂。」

「我長大以後要當生氣的人，因爲只要一生氣，媽媽就會完成我的願望。」

這些孩子踏進校園後，答案慢慢有了變化，「甜甜的東西」變成「藝人」，「生氣的人」變成「CEO」。從前光是起身學步、吃飯就能獲得稱讚的人，最終卻因成績差、不聽話、玩樂、打電動、玩手機、晚回家等等理由，被罵得一無是處。就算只是說出一點自己的主張，就會被貼上「叛逆少年」「問題兒童」等標籤。隨著時間一點一滴流逝，終日只能被困在名爲「競爭」與「比較」的滾輪內，疲於奔命地轉動，遑論爲了追求幸福與自由展翅飛向晴空。

置身只在意學業與成績的我們的教育體制內，甚至連向年輕人提起「夢想」二字，都顯得沒有意義。如果問年輕人「夢想是什麼？」大多數的人會回答職業或職務，如果再追問「爲什麼選擇這個夢想？」他們會不假思索回答「因爲那是我想要的職業」。

某天，有位夢想成爲醫生的年輕人找上了我。我強忍想問「你的夢想眞的是醫生嗎？」的衝動，靜靜凝視他的臉龐，我不由自主地感覺心酸，一個說著自己眞正想做的事的人，臉上居然沒有絲毫朝氣。不過，其實我也懂那種感覺，有時夢想的確使人不知所措。看著他，我憶起童年時期的一幕。

約莫是七歲那年，我和爸爸，以及爸爸的朋友一家一起出遊。同齡小孩聚在一起玩耍時，爸爸的朋友突然開口，要我們按照年紀排好隊後，一個接著一個站在小石塊上，說出自己的夢想。從來沒有想過什麼「夢想」的我，連小石塊都站不上去，只顧著低頭躊躇，心裡害怕說出自己的夢想後，會嚇到大家。見到連小石塊都站不上去的我，大人們你一言我一語說著「堂堂男子漢怎麼這副德性？」我當時很想哭，卻用盡全身力氣忍住。直到長大成人後，我才知道當時承受的情緒名爲「侮辱」。

不知是否因爲那次經驗，直到高中開始產生想做生意的想法前，任何人問起夢想是什麼時，都會令我感到相當煩躁。假如七歲的我懂得編織一個謊言，說出某個像樣的職業當作夢想的話，結果又是如何？無疑能獲得大人們的掌聲喝采。難道唯有得到別人的掌聲，才能賦予我的夢想正當性嗎？執著於別人的肯定與讚賞，只會錯認能獲得別人掌聲的職業，是自己眞正想從事的職業。如此一來，人生不會因夢想感到自由，而是被囚禁在名爲夢想的監牢內。

小時候懷著單純的心，放聲高喊的夢想，被現實社會的框架擠得扭曲變形。於是，職業取代夢想，職業成爲通往未來的唯一道路，人生爲醫生、律師、老師、公務員等名詞，變得僵化不堪。

當夢想變得單一化，人的行動與說話方式也會不知不覺受到影響，拚命望向一個目標，耗盡畢生熱情，認爲目標以外的一切，都是沒有用處、浪費時間。

然而，**無論別人怎麼說，人生始終是自己的**，不該爲了得到別人的稱讚，或爲了躲避別人的責難而活。如果自己的夢想僅是爲了回答別人的問題而存在，那就得警覺這樣的夢想是否只是一種職業或一個名詞，因爲一旦無法擁有這個職業，人生也就失去夢想，像個迷路的人，被積累的挫敗感纏身，再找不到其他夢想，甚至連近在眼前的嶄新機會也看不見，自己將自己歸入人生失敗組。我想對失去夢想的人說：

「你並沒有失去夢想，僅是因爲某種原因，自己親手造成眼前局面。」

每個人的「某種原因」都不同，只要重回失去夢想的瞬間，找出個中原因，眼前所見就會煥然一新。而重新找回失去夢想的時間，正是空檔年。

From：

地址：

| 廣 告 回 信 |
| --- |
| 台 北 郵 局 登 記 證 |
| 台北廣字第 01764 號 |

平　　信

To：台北市 10445 中山區中山北路二段 26 巷 2 號 2 樓

**大田出版有限公司　／編輯部　收**

電話：（02）25621383　傳真：（02）25818761

E-mail：titan3@ms22.hinet.net

## 意想不到的驚喜小禮等著你！

只要在回函卡背面留下正確的姓名、
E-mail和聯絡地址，並寄回大田出版社，
就有機會得到意想不到的驚喜小禮！
得獎名單每雙月10日，
將公布於大田出版粉絲專頁、
「編輯病」部落格，
請密切注意！

編輯病部落格

大田出版

0714127

# 大田出版 讀者回函

姓　　名：________________

性　　別：□男 □女

生　　日：西元______年______月______日

聯絡電話：________________

E-mail：________________

聯絡地址：________________

________________

教育程度：□國小 □國中 □高中職 □五專 □大專院校 □大學 □碩士 □博士

職　　業：□學生 □軍公教 □服務業 □金融業 □傳播業 □製造業

□自由業 □農漁牧 □家管□退休 □業務 □ SOHO 族

□其他 ________________

本書書名：________________

你從哪裡得知本書消息？

□實體書店 ________ □網路書店 ________ □大田 FB 粉絲專頁

□大田電子報 或編輯病部落格 □朋友推薦 □雜誌 □報紙 □喜歡的作家推薦

當初是被本書的什麼部分吸引？

□價格便宜 □內容 □喜歡本書作者 □贈品 □包裝 □設計 □文案

□其他 ________________

閱讀嗜好或興趣

□文學 / 小說 □社科 / 史哲 □健康 / 醫療 □科普 □自然 □寵物 □旅遊

□生活 / 娛樂 □心理 / 勵志 □宗教 / 命理 □設計 / 生活雜藝 □財經 / 商管

□語言 / 學習 □親子 / 童書 □圖文 / 插畫 □兩性 / 情慾

□其他 ________________

請寫下對本書的建議：

※ 填寫本回函，代表您接受大田出版不定期提供您出版相關資訊，
大田出版編輯部 感謝您！

在此，我想叮囑希望擁有空檔年的人一句話：

**「如果有人問起你的夢想，請不要說謊，也不要沉默，請大方地誠實以告，告訴他們『我不知道，所以我正在找』。」**

## 始於資本額三萬韓幣的韓國Gap Year

大四尾聲，我苦惱著該就業或創業。糊裡糊塗地畢業後，本來想先找份工作，存錢環遊世界再回國創業。可是，既然已經環遊過世界，我決定跳過找工作，直接創業。父母則不斷催促著即將畢業的我，趕緊備妥履歷，做好就業準備。

我一邊撰寫履歷，一邊研擬創業計畫書，於是想起「G20世代網路顧問團」的朋友。我和這群朋友探討過空檔年的政策，與其找毫無概念的人，與他們一起開創新事業似乎才是比較正確的選擇。我找了幾個人，述說自己的想法。沒想到，他們的回答爽快得出乎意料。

二〇一一年十二月二十二日，我和兩名朋友借了間自習室，集思廣益並統整彼此的想法。受到我的影響，去了趟歐洲之旅的朋友也一併參與後，陸續又加入一、兩名夥件。我們每個人都是創業家。

召集了許多有志之士固然開心，只是我們很快就面臨到現實問題：幾乎沒有任何經費。即使完成大部分藍圖，也大致掌握該如何運作，卻絲毫沒有成事的信心。不過，我們堅信青春獨有的勇氣，果敢創業。或許，也只有在不懂事的年紀，才有可能放手闖蕩。我們在Facebook上傳文章，表示打算創業的決心，徵求願意伸出援手的人。正好有位認識的人在經營美術補習班，願意免費出借一間房。這裡，正是「韓國Gap Year」的第一間辦公室。

雖然主人表示那個地方長期沒有使用，一直被當作倉庫，所以有點髒、有點冷，但這些根本不成問題。沉浸在擁有自己辦公室的喜悅裡，我們決定好好慶祝開業，不醉不歸。隔天，一行人前往辦公室準備打掃。堆滿整間房的美術作品數量多得難以形容，光是把它們全數清光再打掃，便花了整整兩天。不過，一點也不辛苦，能有一間不用錢的辦公室，做什麼都值得。屋主留下幾張桌椅，基本的辦公設備已算充足。最後，為了登記設立公司，我前往法院。法院職員問道：

「請問資本額多少？」

他一提起資本額，還以為要當場付款的我，立刻想起自己錢包裡的錢。本來想說韓幣一萬元（約台幣三百元），但實在難以啟齒，所以決定稍微提高金額。

「韓幣三萬元（約台幣八百元）。」

「確定是三萬元嗎？」

「是。」

職員注視了我好一陣子，然後表示「了解」。就憑著韓幣三萬元的資本額，開創了我們的事業。每天瘋也似的撰寫企劃，在辦公室吃飯、睡覺，埋首工作，天天都在辦公室附近的連鎖便當店買韓幣兩千元（約台幣六十元）的廉價便當果腹。直到現在，還會開玩笑說：「那時吃完的便當盒，都能堆出一座萬里長城了。」

當時的首要目標，是被選爲社會企業補助的一員。一面撰寫長達七十頁的企劃，一面與經營社會企業的人、出售社會企業的人、宣傳社會企業的人見面，也遇過一些覺得我們太辛苦，嘗試說服我們乾脆到自己公司工作的人。最後，我們順利得到設定的目標金額。

解決一個問題後，又出現另一個問題。我們必須離開使用三個月的第一間辦公室，幸好一起創業的朋友中，有位熟人聽見這段悲慘的故事後，大方出借能讓我們使用兩個月的地方。雖是免費使用，但每過兩、三個月就要開始流浪的生活，令人越來越想找個

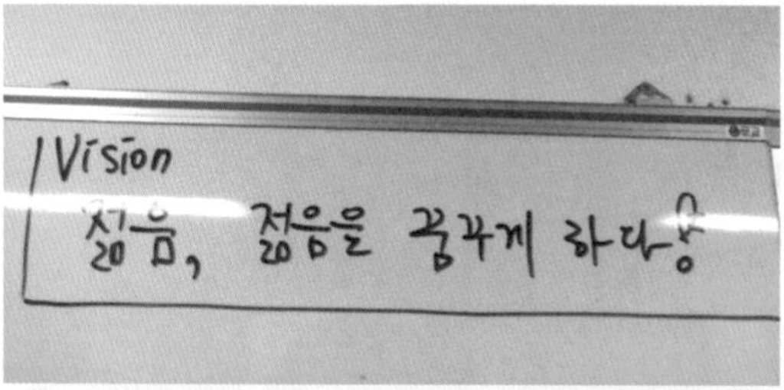
Vision
젊음, 젊음을 꿈꾸게 하다!

穩定的地方常駐。慶幸韓國社會企業振興院委託的果實樂享財團選中了我們，因此獲得一間位在明洞的辦公室。

相較於「韓國Gap Year」公司名稱引起的商標紛爭，辦公室地點根本稱不上是什麼難題。知名服飾品牌「GAP」透過律師事務所對「韓國Gap Year」的商標權提出異議。即使沒有非堅持使用這個公司名稱不可的理由，面對擺在眼前的訴訟，實在沒有退縮的道理。我心想如果眞的不能用，至少也等判決結果出爐再說。

既然決定付諸行動，我開始拜訪能夠幫得上忙的人。律師、專利商標人員、專利代理人、智慧財產局職員，異口同聲阻止我，只因提出訴訟的是跨國大企業，我們根本毫無勝算可言。時間不斷流逝，看著來自GAP的訴訟狀，我們決定親自撰寫訴訟狀，內容十分簡單，以對方主張不允許使用「韓國Gap Year」的理由爲準，我們亦使用相同理由主張這個商標允許被使用。完成後，即刻送出。

既然決定堅守立場，有人提議不妨順勢使用「噪音行銷」（Noise Marketing），於是我們將資料整理後寄給媒體。看過整理資料後，有幾名律師主動與我們聯絡，而報導面世後，又有十餘名律師現身，主要由趙宇盛與金民圭律師爲首組成的律師團。相當幸運的是，當時恰巧碰上國政監察時期，於是一併將報導資料寄往國會議員辦公室。

看在別人眼中，這是場大衛與歌利亞的戰爭。一旦宣戰，有別於起初「名稱這種東西，不能用就算了」的態度，不願屈服的心情變得加倍強烈。結果，靠著無數人的幫助，我們與GAP談判成功，守住了「韓國Gap Year」。現在仔細回想，當時**一無所有的我們，抱持著再沒東西可以失去的決心，打贏一場毫無勝算的戰爭**。

創立「韓國Gap Year」後，遇見許多幸福的事。最幸福的是，見到滿臉憂鬱與掉進絕望深淵的人，實際參與諮詢與活動後，重新找回笑顏的模樣。光是看著他們的臉，自己也能感受喜悅；有些不擅言詞的人，開始大方地將自己的照片上傳到社群網站。雖然撒下種子的是Gap Year，但眞正滋養綠葉，綻放花朵的是他們自己。感受Gap Year對他們產生助益，我非常快樂；看著他們爲自己鋪排人生道路的模樣，我備受感動。

回首過往，開始「韓國Gap Year」後，儘管經歷許多苦難，至今仍選擇走在這條道路上的原因，或許正因點點滴滴的感動。起初，韓國Gap Year是爲了沒時間思考自己想做什麼事，自己是否適合現在踏上的道路，正顧著盲目追求學經歷與求職的年輕人而設，衷心希望他們找到自己眞正想過的生活。現在看著他們的人生因Gap Year產生變化，反而**成為我人生的動力**。

## 從瞬間玩完的課程，學到的教訓

「我怎麼會知道呢？人生又不能預測。」

與外國朋友用英文聊天時，只要遇到難以回話的問題，一律使用這個答案。語畢，外國朋友便會拍手大笑，認同我的發言。這種誠實以告的策略，同樣適用任何困境。

使用空檔年概念創業前，每個月會借來一間咖啡廳舉辦一次社交派對，設定主題爲國際交流活動，或旅行、空檔年等，我們會準備簡報並於現場發表，爲提供與會者自由對話的空間。每次舉辦派對，大約能吸引一百至一百五十個人。起初爲免費入場，雖自第二次起酌收入場費，仍吸引許多人報名參與。於是，堅定了我們嘗試邁入下個階段的信心。

懷抱這股信心，我們決定讓每個人都實行一份簡易型企劃。掛上「漫步、思考、夢想」的招牌，準備前往濟州島，漫步偶來路。這是由體驗過空檔年的人們，提出一起漫步的簡單企劃。

希望透過一邊走路，一邊自然地對話，分享各自的經歷，拓寬彼此思想。我們為此架設網站，努力宣傳。需繳納韓幣七十萬元（約台幣兩萬元）的活動，包含食宿與機票，卻沒有任何人報名參加。這大概是所謂「崩潰」的感覺吧……

出發日期日漸逼近，不得不討論究竟該如何是好。最後，大家一致認為「就豁出去吧！」完成為期一週的事前場勘後，我們決定邀請身邊朋友一起參與這個活動。韓國**Gap Year**的第一場活動，就在我們說得天花亂墜下，成功邀請身邊有空的朋友參加這場五天四夜的漫步旅行。

抵達濟州島，前往事先預約的民宿，才發現是某電視台用作拍攝場地的地方。因此，他們當然也很樂意聽聽我們的故事。節目原本的主題是「在濟州島生活的人們與民宿」，卻因為聽了我們具吸引力的故事，決定也讓我們入鏡。運氣實在好得沒話說！二〇一二年夏天，我們的故事透過電視螢幕廣為人知。

「真好奇這些人幾年後的模樣……」

節目最後，出現了這句話。時過幾年的今天，看過節目的人們再見到我們，會說些什麼呢？如果大家能感受到看似失敗的瞬間，往往才是能縱身跨越的希望之門，我想，我會非常開心。濟州島之旅，最後看來雖是失敗收場，但我卻再次體悟「做了，永遠比什麼都不做好」。哪怕只是一根小草，只要死命抓緊不放，或許就能迎來意料之外的幸運。

完成濟州島企劃，回到首爾後，我們像是訂正考卷般，分析失敗原因。我們用來宣傳濟州島偶來路企劃的主要媒介是ＳＮＳ，根據慣用族群不同，利用ＳＮＳ顯然是個宣傳失敗的方式。結論是，濟州島是許多人去過的地方，根本找不到任何理由得特地再去漫步。

「失敗在於濟州島是國內，這次我們試試換成國外！」

我們將視線轉向國外，於當時共同經營韓國Gap Year的四人，派出兩人前往泰國，兩人前往菲律賓。從菲律賓出差回來的人，帶回Kopino（即韓國男性與菲律賓當地女性生下的第二代，爲Korean與Filipino的複合詞）支援企業的消息；從泰國出差回來的人則表示，腦海出現ＮＧＯ志工企劃的想法。然而，第二次企劃，依舊沒有任何人報名參加。

第三次企劃，我們決定挑戰Kopino企業補助。只是，實際走訪位在菲律賓的支援中心，發現大門深鎖。隔天再去時，依然如此。打了幾通電話，好不容易才找到負責人，向對方詳細說明我們究竟在做什麼事、需要什麼幫助，並積極地展示文書資料。不過，眞正一起走訪韓國人經營的餐廳，才發現自己對所謂Kopino的認知存在落差。相較於提供物資或金錢幫助韓菲混血小孩，支援中心反而是幫父母將小孩送往其他地方。因此，這個企劃根本行不通。

只懷抱滿腔熱血經營企業，無疑是件辛苦的事，只能慢慢從做中學，累積經驗。有次前往台灣行前場勘，全身上下只帶了韓幣十五萬元（約台幣四千元）。就像重回窮遊時，在火車、海邊過夜。只是，終究因爲語言不通，原先設定的衝浪企劃，再度以失敗告終。

一次又一次的失敗，其中存在幾個要因，尤以時機與品牌爲兩大關鍵。空檔年極需龐大的文化力量，而當時韓國對空檔年文化仍相當陌生，且商界時機流轉飛快，往往可一不可再。此外，就是我們的公司知名度並不高，大家顯然不想花錢參加名不見經傳的公司主辦的活動，深怕發生意外。

自那時起，我們把全副心力只投注在網站與開發企劃。儘管「崩潰」了好幾次，姑且將其視作教訓，漸漸摸透運作方式。一邊實際掌握節奏與生態，一邊著手開發新企劃。幾經曲折，終於成功湊足經費，再用這筆經費將員工送往亞洲、南美洲出差，以投資開發新企劃。於是，亞洲企劃開始有了起色，約莫是創業後一年之際。

其間我則負責出席一些演講、撰寫露營企劃、授課。另一方面，除了亞洲企劃，歐

2012
제주 올레길 걷기 프로그램
걷고 생각하고 꿈꿔라!

洲與南美洲企劃也誕生了。相較於擴張辦公室規模，我將重點目標擺在開發完成的企劃，與提供完善的諮詢服務。會見外國合作夥伴時，談及韓國的情況，他們紛紛表示韓國的確需要這樣的文化，相當具吸引力。因而，出乎意料地締結了許多合約。

相反，有些提案也因反應不佳而宣告放棄，有些則是好不容易才簽署合約，後來卻歷經許多曲折才完成。

如同之前所言，人生變幻莫測，也因而饒富趣味。創立韓國Gap Year後，我一直秉持「**我做得到！我清楚自己的路！**」的心態支撐。或許是「有志者事竟成」，朝著自己所想的方向前行，沿途自然能遇到許多人伸出援手。不完美的部分，姑且用意志與熱情填滿。只是，滿布荊棘的旅程未完待續。每當寸步難行時，我總會想起高中畢業時某位老師說的話：

「你以後想做什麼？」

「不知道耶……可能是經營一間公司。」

「公司？夢想太小了！要就成為經營世界的人。」

我無法成為經營世界的人，直到現在，還在學習認識這個世界。無論今天或未來，都抬頭挺胸迎接即將到來的事吧！

# 爲自己而活的人生

面對野心勃勃完成的企劃案，接二連三地失敗後，思索失敗原因的我，突然想起在祕魯發生的事。有次，將車子停進休息站後，想著上一下廁所的我，順手把背包託付給某個阿姨。沒想到，不過一轉眼時間，我的行李消失了，連原本坐在一旁的阿姨，也換成另一個阿姨。背包裡裝著長達一年時間的遊記和日記，所以我非找到它不可。用著混合英文和韓文的語言，氣急敗壞地追查背包下落。

雖然最後始終不知道個中原因爲何，總之就是阿姨上班的客運公司老闆，把我的背包搬上另一輛客運。追了四十多分鐘，終於趕上載有我背包的客運。一找到背包，爲了準時趕上下班車，完成預定行程，我立刻把車掉頭，不顧逆向行駛，將油門踩到底。

儘管此刻能笑談這些「回憶」，當時可是滿臉問號地想著「天啊！世上怎麼會有這種事？」自從那件事後，好長一段時間都不敢把背包託付他人，最後養成所有東西都得自己負責的習慣。傾注全力的程度媲美在祕魯爲了找回遺失背包，一心只想找出企劃失敗的原因。最後，找到的答案是「信任」。我們還不是大家心中値得「信任」的公司，而且社會普遍對「空檔年」的認知度不高，人們始終不懂爲什麼要爲了空檔年耗費數個月，甚至一年時間。

「空檔年？是什麼？」

每次提及空檔年，幾乎所有人都會如此反問。

「空出一段時間，也就是給自己一段空檔的意思。」

與其希望企劃馬上成功，我反倒認爲應該加倍努力推廣空檔年文化。曾有人聽完空檔年的概念後，驚嘆表示這個名字取得眞好，不過也有許多搞不清楚的人，會在寄來的郵件寫著「Cap Year收」，讓我們忍不住相視笑著勉勵彼此要好好想辦法把「Cap Year」變成「Gap Year」才行。

爲了讓更多人知道空檔年，我們開始舉辦演講或脫口秀，宣傳部分則透過ＳＮＳ。草創時期的四位成員，各自擁有旅行、志工、國際交流、打工度假等經驗，藉由我們的多樣化故事，訂定不同題目，引導大家分享自己的計畫，因而引起更多人關注。每次演講大概能吸引一百五十至二百個人參加，無疑是超乎預想的高人氣。

舉辦脫口秀時，我們會將「空檔年，職涯導航員」的口號擺在會場一隅，讓大家知道究竟能從空檔年獲得什麼。沒有演講活動時，便全心全力開發企劃。對前途感到迷惘的大學生經常找上門，都是一些不知道未來該如何生活，茫然地站在十字路口的孩子。

**人生，不會只有一次選擇**。每次成長至不同階段，我們就得背負不同的選擇題，有時，那些選擇題看來恍如難以翻越的高牆，當歷練與眼界越狹隘，難免感覺那堵牆恰似不可能跨越的障礙。一旦自覺憑藉一己之力無從解決問題時，便需要來自外界的幫助。找上我們的人，要不是跨不過那堵牆，就是憂慮牆外的未知世界。他們總是這麼說：

「我非常想嘗試空檔年，可是，要怎麼說服父母？」

「空檔年不危險嗎？」

「要自己規劃如何度過這段時間嗎？」

「體驗過空檔年，我真的能改變自己的人生嗎？」

「如果直接申請打工度假呢？還是申請志工活動比較好？」

聽過無數次大同小異的提問後，我不禁開始思索人們需要的究竟是什麼。經過反覆思考「究竟需要什麼」，空檔年的概念也隨之產生變化。

年輕人遵循社會既定規則與父母教育方針過日子，早已失去自己選擇與決定的感覺。置身單一化的體制，不再懂得在乎自己獨有的性格，只顧著埋首苦讀，最終罹患某種形式的「選擇障礙」。從未自由選擇，因此甚至不知道自己是什麼樣的人，喜歡什麼東西、現在需要什麼，內心世界漫溢混亂與徬徨。

實際與年輕人們接觸，陪伴他們煩惱的時間，心裡難免有些酸楚，同時伴隨著困惑。起初，我單純地堅信經過一年空檔年，就能找到自己想做的事，並且清楚正確的方向為何。然而，我卻發現這些孩子更需要的是空檔年後的下一步。

我開始絞盡腦汁構思全新的企劃，並想盡辦法幫助前來諮詢的年輕人們選擇。花費許多時間前往亞洲、歐洲、南美洲、北美洲、大洋洲出差，並為每個地方都撰寫一份企劃。我們原先構想的藍圖，是透過引導方式、演講、國內企劃，與教育連結，進而藉由這樣的過程，一步步完成新的空檔年企劃。

馬不停蹄進行演講與企劃開發，毫無片刻喘息，早已分不清平日與假日。深怕浪費多餘時間吃飯、睡覺，將時間通通奉獻在空檔年。身心當然疲憊，若說「一點都不累！」那一定是騙人。當努力與回報、肯定不成正比時，日漸疲乏地邁入第三年之際，終於陷入瓶頸。不顧一切拚命工作，卻莫名其妙遇見瓶頸時，我不得不靜下來回首審視，究竟自己想要的是什麼？內心深處眞正渴望的是什麼？這時，我才眞正知道自己想要的是什麼。

如果用一句話來說，就是「感恩一切，改變我的人生。」我渴望不虛僞、眞誠、坦誠相向的人生；我渴望停下盲目前行的腳步，環顧四周，徐徐漫步，仰望藍天的感覺。

過自己想要的人生的人，都有個共通點：**不因周圍喧囂動搖，專注走自己的路**。無論做任何事，勢必都會聽見來自身邊的褒與貶。然而，一旦開始在意這些外在因素，便會失去初衷，打亂自己原有的步伐。我重新思考「前途」二字，恰如字面所言，踏上屬於自己的路途，盡自己所能，努力前行。

「關鍵在於我的不足，而非那些找上門的年輕朋友。」

推廣空檔年文化，是我選擇的路，不會因他人的反應好壞與否，便半途而廢。靜心回首，似乎讓我有了些許喘息空間，如烏雲般遮住心頭的疑惑也一掃而空。釐清頭腦與內心後，頓覺豁然開朗。擺脫瓶頸，重新找回初衷，甚至比從前更加熱情投入這份工作。

不再強逼自己，姑且讓自己隨心自在，反而成了克服瓶頸的契機。我曾在演講中告訴聽眾「**遇見瓶頸時，索性放任不理吧！**」今天不想做，那就不要做；明天不想做，那就不要做。反正該做的事情，總有一天會做完。

正視早期的不完善，不斷盡力改善、堅持的時間，並沒有白費，「空檔年」逐漸成爲熱門話題，反應也日益熱烈，開始出現許多人詢問如何進行空檔年？透過什麼管道申請？偶爾會有些負面反應，原因在於某些人將空檔年視作休息，主張年輕人應把握時間用心讀書、工作，因而批判空檔年文化。儘管輿論傾向支持，仍盡量保持中立立場。

「空檔年是種奢侈嗎？在韓國也可行嗎？」

即使媒體下了如上標題提出質疑，報導內容卻相當正面。形形色色的反應，不僅證明了空檔年文化備受關注，亦開始出現客觀的評論。隨著累積各式各樣的經驗，我總算領悟試煉與苦難是平淡人生獨有的甘草般存在。恰如衝浪的人渴望追逐更大的海浪，走過數之不盡的故事，此刻就算受到再大的屈辱，我同樣心存感激。

現在被視爲理所當然的週休二日，可是耗費了許多時間才正式實行。起初實行這項政策時，並非各方都抱持正面態度。可是，就在週休二日不知不覺站穩腳步後，甚至有人提議改成週休三日。

空檔年亦然，一旦有人開始稱讚或批評，代表社會氛圍產生變化與成長的可能性也正在提升，正如有晴天，自然就有陰天一樣。而我，只想默默走自己的路。

# 環境改變，人也會跟著改變

開發企劃時，經常發生各種超乎想像的事。撰寫歐洲挖掘文物企劃時，曾被困在西班牙某座島上。即使爲了節省機票，時常會選擇改搭火車，但更重要的是時間。面對分秒必爭的歐洲出差行，很少會在同一個國家停留數日。隔天還得參與某場在他國舉行的會議，我卻得乖乖待在加泰隆尼亞地區的小島，花上足足四天三夜聆聽導覽故事。

歐洲能實行挖掘文物企劃的地方，不過三、四處，以義大利、西班牙、羅馬尼亞爲主。羅馬尼亞位在東歐，參加者較沒興趣；義大利的地點位在觀光地，參加者需負擔的費用過高。因此，最終選定西班牙。一心想著挖掘文物絕對是前無古人後無來者的絕妙企劃，我懷抱遠大的夢想前往西班牙。

問題是，我的西班牙行程完全固定不容更動。他們有自己的文化，隨著出發時間漸近，他們會有連串無微不至的招待，先是參觀風景優美的地方，再是滿滿的美食盛宴，完全不見任何開始商談合作的跡象。幸虧自己鍥而不捨的性格，總算逮到能直接前往現場，親自挖掘文物的機會。

頂著豔陽，走了幾小時，他們仍顧著展示這裡、展示那裡，看起來像是對開發企劃完全沒有任何想法的人。光是出發當天，已經聽了足足九小時導覽。即使後來積極達成協議後，我至今仍與對方保持密切聯繫，因爲這是我無論如何都想完成的企劃，所以秉持過人毅力以對，終究成爲成事的關鍵。

一開始，由於「韓國Gap Year」這個名字，時常被人誤會是外商公司的韓國分公司。因此，就算「Gap Year Korea」才是正確的英文寫法，我仍刻意使用「Korea Gap Year」，或許看在外國朋友眼中是韓式英文，但我認爲故意有點變化，似乎更好。

坦白說，直接引進國外既有的企劃更容易實行。最終選擇親力親爲，除了節省開發企劃的金錢與時間，更重要的是幾年來實質獲得的經驗。因此，某位教育界專家強烈建議我們千萬不要引進國外企劃，務必事必躬親。爲了拓寬視野後，親自撰寫完善的企劃，於是開啓走訪各大陸的行程。

即使行程始於尋求開發企劃的靈感，得到的靈感可不只於此。反覆檢討國外既存的企劃，閱讀來自不同國家的報導後，正式寄送邀請合作的郵件。協調會面日期，決定會議時間，討論實踐可能與否，如何改造成適用韓國的方式……為了確認實際情況，必須親抵現場，透過雙眼親自確認；為了符合韓國國情，反覆拜訪適合合作的相關業者。除了我們要求的條件，還得確認對方是否提供食宿。最後，回韓國一件、一件詳細檢討。

負責開發企劃外，我還得為諮詢服務下苦功。有人曾憂心忡忡地說：「執行長應該專注處理公司資源或體制吧？為什麼還要一手包辦實務？」實際為客人提供諮詢服務，不只能了解他們的需求，同時能因找不到符合他們需求的企劃，萌發各種創意，也因此了解開發新企劃的重要性。儘管實際提供諮詢得花費許多時間，卻也得到成正比的收穫。

提供諮詢服務時，我總努力掌握客人的言論重點，思考如何給予幫助。客人反覆於談話時使用的詞，往往就是當時最感到困擾的問題。

偶爾會有清楚自己問題何在，明確知道自己想要什麼的客人，不過大多數人仍處在摸不透自己該做什麼的狀態。此時，必須抓住客人關鍵的核心價值，慢慢縮窄談話範圍，主動將方向導往其渴望抵達的地方。這些循序漸進的過程，正是「診斷」。願意踏進我們辦公室要求提供諮詢服務的人，基本上都已發現自己內在眞正動機，因此才會不

STARBUCKS COFFEE
ΙΜΑΤΙΣΜΟΥ

斷花時間刺激內在需求，尋求產生變化的轉捩點。

舉例來說，當一個想要提高成績的人，國文分數卻不到五十分，那麼無論多努力埋首數學或英文，成績的成長幅度始終有限。即使在提高國文分數的同時，仍得繼續增加其他科目的實力，最終才能拉高排名。解決核心問題，同時改善其他問題，意即找回原本傾向一邊的重量，同時也要維持整體平衡。

基於上述經驗，爲了找到最快解決問題的核心，得先改變環繞自身的環境，而改變環境最簡單的方法是旅行，即空檔年參與者最常選擇的方式。

一位參加法國寄宿企劃的年輕人表示，置身全新的環境與人群中，總算發現自己從未認識的自己，也才終於正視時時在意別人臉色，而無法坦率表現自己應有權利與情緒的心理。即使身心俱疲，他也不會向家人訴苦，甚至從未和父母好好聊天。事實上，過去他曾因自己的言語和行動造成誤會，而留下創傷。後來，他便選擇隱藏眞心，默默爲迎合他人目光而活。然而，透過寄宿企劃與同行者一起生活後，才開始客觀面對自己的問題。

他霎時頓悟，坦誠表達自己的辛苦、開口要求自己所需，用謙遜的態度如實坦露自己的情緒，完全不會對別人造成傷害。因此，他努力讓自己感到煩躁時，表現煩躁；感到疲憊時，表露疲憊。因爲對別人而言那般自然的表現，對他而言卻是尷尬而困難。

**為了變換環境，並不是非得選擇旅行或參加任何活動**。但是，故意離開自己熟悉的環境，相對是個較佳的選擇。舉例來說，童年曾遭排擠，或曾有過不好回憶的人，既存環境往往會對其產生侷限。這類人光是待在新環境，便足以出現相當劇烈的變化。改變環境，認識新的人，同時也會改變對自己的認知。擊碎負面記憶釀成的枷鎖，油然萌生面對新生的力量。

某天，有位近三十歲的年輕人找上我，會談約莫三十分鐘，我便能感覺他偌大的心理缺陷。明明是個極度渴愛與注重親密關係的人，卻因生在雙薪家庭，無法得到完整關愛，在學校也無法透過交友關係彌補缺口，一直過著孤單的生活。經過幾天諮商，他選擇前往東南亞從事志工活動，幫助貧窮兒童的空檔年企劃。孩子們直率坦露自己的心意，接受者反讓施予者感受更多的愛。於是，這位年輕人透過誠實表達自己的愛意，付出眞心與孩子們交往，很快塡補了心中的空缺，並對自己的存在價值有了全新認知。

爲前來諮商的人推薦適合的企劃之際，遇見許多擁有前所未有的問題的人，才驚覺既存企劃的不足，卻也因此有了思考新議題與開發新企劃的良機。儘管爲每個人打造量身訂做的企劃相當耗時，但能寫出適合不同人的企劃，對我而言著實有著難以比擬的滿足。

韓國Gap Year迄今提供約三百款企劃，我衷心希望，或許哪天完成一千款時，就能符合所有人的需求。等到第一千零一種需求出現時，應該也累積好隨時能完成新企劃的經驗。我沉迷這種工作方式的原因，是期盼將自己從旅遊得到的眞實感受，融入空檔年企劃，讓每個人都能回首注視自己內心，找到自己眞正想要的東西。如果我沒有付出眞心誠意，是不可能完成這份工作的。

## 「你需要的是什麼？」

我相信要提出這個問題，唯有始於對對方全心全意的關愛。因此，就算只爲一人而寫的企劃，我也會傾注全力而爲。如果有人問「有必要做到這種程度嗎？」那麼我想說說，某位年輕人刻於我記憶深處的一段故事。

某天，有位面如槁木的年輕人找上門。當時二十五歲的他，應當正値有很多想做的事，什麼都想挑戰的年紀，這位年輕人卻對所有事都感到力不從心，彷彿自己沒有存在這個世界的必要，一無是處。我暗自猜想，他壓迫至極的性格或許源自家庭環境。封鎖一切情緒表現的他，唯一願意用來呈現自我的方式是藝術。經過長達六個月的諮商，我給了他一份任務。

「到羅浮宮打滿六十天的卡！」

任務成功與否並不重要，重要的是他在巴黎生活三個月，並實際工作後，重返韓國也找到自己想做的事。

「哥，我現在對自己充滿期待。」

這是他結束屬於自己的空檔年，返國後的第一句話。自從聽見這句話，我下定更大的決心：只要有人爲了找尋夢想而找上我，我絕對會用盡全力，哪怕踏遍天涯海角，也一定要爲他們找出來爲止。總之，我保證全力以赴。

當一個人想從A得到什麼時，往往只會朝著A而去。然而，卻忘記渴盼在A找到的東西，可能會在B或C發現。此刻拚死拚活卻得不到的東西，或許就在意料之外的情況現身。

試著這樣想想吧！當我們渴望得到某樣東西時，代表它勢必存在世界某處；**在這個地方學不到的事，說不定能在另一個地方學到**。韓國，全世界，甚至整個地球，處處皆是學校，亦是夢想藏身地。

# 如何定義時間的價值

「最愛不釋手的企劃是什麼？」

面對人們時不時的提問，我的答案是「沒有！」構思新企劃時，重點不在我有無興趣，或符合我的標準與否，其中承載的應是即將體驗該企劃的人的故事。固然存在深受大部分人喜歡的企劃，寄宿活動就是其中之一，即停留於國內外某處，短暫工作三至四小時後，剩餘時間都用來「放空」的活動。

坦白說，起初我也很驚訝為什麼這項企劃會這麼受歡迎，後來發現許多人希望能在漫無目的的繁忙生活暫停腳步，找一段好好與自己相處的時光。因此，也得到最契合「空檔年」概念的回應：相較於單純在國外旅遊，實際在國外生活更令人難忘。

撰寫寄宿企劃的契機，是為了經濟狀況較吃緊的人。許多人曾問過**「空檔年是有錢**

**人的專利嗎？**」於是，我開始苦惱該解決這個問題的企劃爲何。絞盡腦汁之際，猛地想起自己窮遊時以勞力換取食宿的經驗。只是，需要格外注意的是，在國外以勞力交換所需，獲得的報酬可能遠比想像低。

寄宿企劃需要相對寬闊的空間。於是，我在深思熟慮後，婉拒了來自義大利威尼斯的提案。就城市空間而言，固然是個不錯的地方，不過威尼斯太「觀光」了，假如是森林或平原等未經人工毀損，需要單純勞力的地方，或許會是更好的選項。如此便能利用勞動後的剩餘時間，盡情做自己想做的事。

開始撰寫寄宿企劃時，我想了很多關於年輕人勞動價值的問題。相對於肉眼所見的問題，最令人心酸的是參加者往往不懂自己的時間有多昂貴。因此，我會建議他們選擇與自己未來職涯相關的活動。如果想踏足時尚界，可以到百貨公司或衣服批發市場售貨；如果對行銷或宣傳工作有興趣，可以試著經營ＳＮＳ；如果對物流有興趣，前往物流中心打工，多少能從中獲得助益。

年輕人的時間無比珍貴，實際卻以極爲低廉的價格販售著自己的勞力。萬一不清楚自己的勞動價值，只爲賺錢而工作的話，無疑是主動放棄了人生要事的優先順位。因此，哪怕只花一點時間，我也希望年輕人能在工作前好好花十分鐘，專心思考自己的未來。我常常問年輕人們：

「如果請你從自己的時間裡賣我十小時，你會賣多少？」

「韓幣二十萬元（約台幣六千元）。」

「所以你現在打工時薪有韓幣兩萬元？」

「沒有，只有韓幣六千元（約台幣一百八十元）。」

這正是年輕人的現況。看著躺在家裡動也不動的親哥哥，我曾問過當時是大學生的他「爲什麼不找點事做？」我幻想的大學生，應該是努力打工或約會，所以看著哥哥那副德性，心中不斷對他喊著「笨蛋」「蠢貨」。突然，哥哥開口說道：

「與其把時間花在那些事，**我寧可用來做自己想做的事，我的時間很寶貴**。」

雖然年幼的我無法理解個中眞諦，但此刻的我，總算懂了時間何其珍貴。比起用於消費，時間是具有價値的寶物。聽見這番話的人，說不定會想問我「是否贊成用熱情計酬？」

提到這個問題，突然想起有個學生問過我：「請問您會選擇跟在全國最優秀的藝術家身邊無酬學習，或時薪僅韓幣六千元的打工？」當時我回答：「如果我的夢想是成爲藝術家，然後有機會跟著自己仰慕的老師學習，我當然會選擇前者。」

這是我的真心話。不過，如果是濫用年輕人的熱情，刻意剝削他們的勞力，這種體制自然不可取。**佇立於選擇的十字路口時，抱持什麼樣的價值標準相當關鍵，究竟時間的價值是「學習」或「金錢」**？這個選擇會衍生差異，而這個差異會隨時間擴大。如果心智不成熟，且經驗不足的話，「學習」當然是首選。培養足夠實力後，再憑藉自身能力獲取應有報酬。

任何人都有自己珍而重之的一面，就算身邊滿是看不清前路的泡沫，走著、走著，終究能看清自己真正想走的路。那麼，究竟要怎麼做才能完成自己想做的事呢？大家經常有的幻想之一，就是一個人經歷某件大事後，性格與人生都會變得完美無缺。然而，這其實只是錯覺。改變自己的人生，不需要地震或颶風般的經歷。

一輛車，是由兩至三萬個零件組裝而成。就算只是一個零件出問題，也會讓整輛車故障，甚至報廢。可是，只要修理或更換出問題的零件，故障的車就能重新運作。同理，人都有自己的弱點，只要改變幾個生命中的元素或想法、習慣，人生就會開始產生變化，即人生的轉捩點。爲人生找到轉捩點，是相當重要的事。

我同樣經歷數之不盡的改變，才懂得利用空檔年協助別人改變自己的人生，但是江山易改本性難移。改變一個人，並非透過其經歷本身，而是他自己如何面對與消化這些經歷。如此一來，面臨轉捩點時，需要時間不斷改變自己，需要時間「薰習」（註：古代農婦會將香草置於衣物間，使其沾附香氣。即感染力、影響力。）。舉例來說，每天減去些許重量，或許不自知，得等到過了一段時間後，才爲鏡中的自己模樣感到驚訝。

空檔年眞正的意義，並非在不同環境汲取不同經歷，而是在這些**過程**中，鍥而不捨地琢磨某樣東西，使其綻放光彩。如果可以置身加速成熟的環境，我們將能更輕易地改變自己。

NAPOLI

SO
MUCH
HAPPENED
BEFORE
DOROTHY
DROPPED
IN.

MANILOW

LAS VEGAS BLVD

Henri Willig Cheese &

Part 4

# 尋找自我，

# 探索未來的時間——

# 空檔年

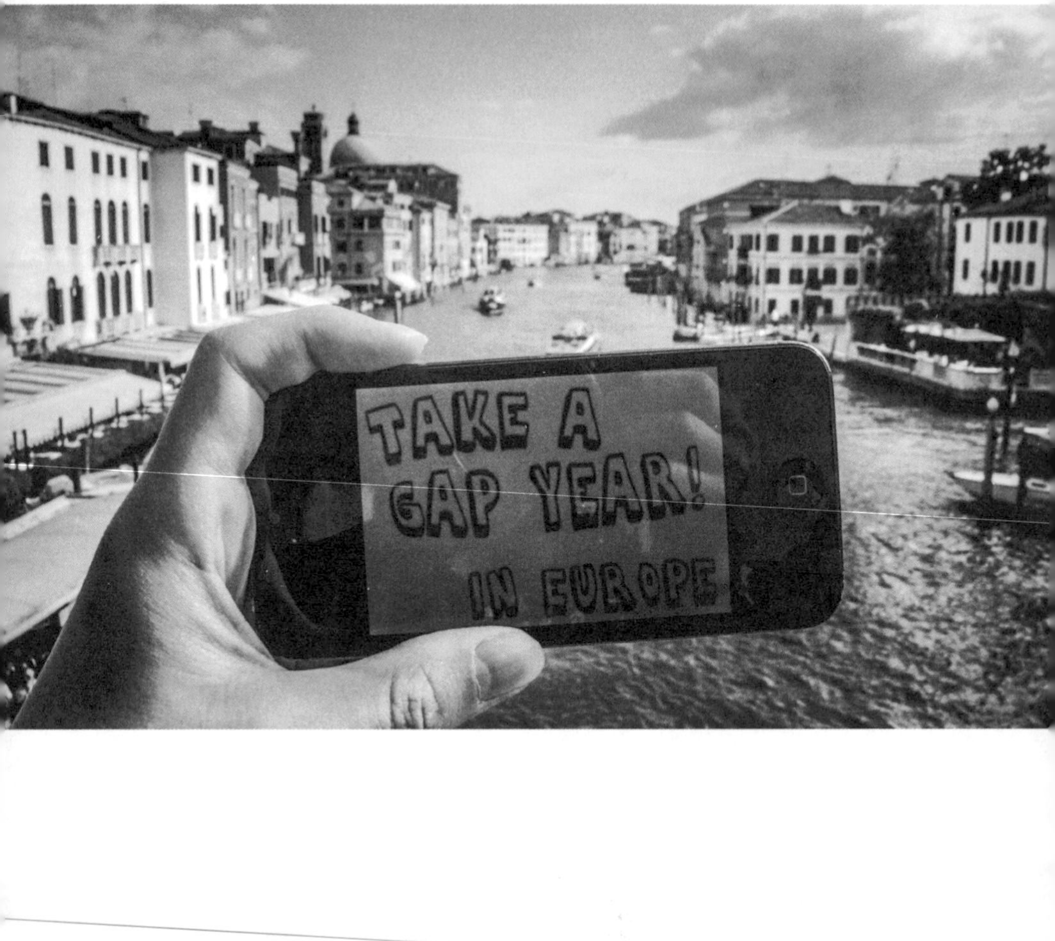
TAKE A
GAP YEAR!
IN EUROPE

# 現在做的事，眞的是我想要的嗎？

以前看過一篇報導，一場於英國北部舉辦的馬拉松比賽，高達五千名選手遭判失格。除了第一名完成比賽的選手，跟隨在後的五千名選手通通被判失格淘汰，原因是競爭激烈的第二名與第三名偏離原本設定的路線，利用了其他路線，其他選手也不疑有他地追隨其後，最終全數遭到淘汰。跟著眼前努力奔跑的人而跑，就算追到他們身邊，也拚命加速只爲不再落後，傾盡全力向前跑。再加上還有人緊追在後，只顧發狂般奔向終點，卻發現自己慘遭淘汰。

自出生那刻起，我們便開始一場人生馬拉松。當還不知「人生」爲何物的童年時的我稍微懂事後，大家便開始詢問我的夢想。

「你的夢想是什麼？」

第一次聽到這個問題時，我根本不知該如何是好，因爲在此之前，自己從未想過「夢想」。因此，心智稚嫩的我不懂大人爲什麼這麼問，也不懂該如何回答，只是沒來由地慌張，甚至到了十八、九歲，我仍無法釐清何謂「夢想」。

十幾歲時，我過得很痛苦，隨著年級越高，無力感也變得越重。基於義務，勉強坐在書桌前，沉浸在自己的思緒直到半夜，總算打發一天時間後，隔天又再賴床晚起。早上醒來，不得不拖著似醒非醒的軀殼上學。不同於激烈交戰的精神，身體就像行屍走肉般呆坐，等著結束一天課程後，回家再度躺上床的無限輪迴。

就算開始了大學生活，也不過徒增一歲罷了，人生恰似偏離原有路線的馬拉松，迷失目的地，反覆過著徬徨不知何去何從的日子。無法與埋首準備就業的同儕並肩作戰，也無法融入努力找尋自己夢想的朋友。即使不知道該做些什麼，什麼都不做卻同樣令人不安。

明明不只我這樣，大家都不知道該往何處去，卻盲目跟隨社會設定的馬拉松比賽奔跑，結果演變成每年高達六萬名國、高中學生自行退學的案例。考上大學，不斷累積社會要求的學經歷的過程，使三十五萬名韓國年輕人失去夢想。儘管千辛萬苦找到工作，一年內卻有超過百分之三十的年輕人選擇轉職，其中最大的原因是：自己不適合這份工作。

年輕人拚命累積學經歷，好不容易擠進職場後，才恍然大悟自己未來要做的事竟與自己性格不合……那麼，煩惱該不該轉職前，是否應先找機會了解自己眞正的性格呢？一心想著與跑在身旁的選手競爭，卻不知是否跑在正確路線的自己，仍選擇繼續往前跑嗎？

全世界一定有無數人在苦惱這個問題，從掀起風潮的空檔年文化即可略知一二。當我看到英國馬拉松比賽的報導時，除了替一時分心而跑錯路的馬拉松選手感到可惜，我更訝異的是，居然沒有任何選手停下腳步，確認自己是否跑在正確的路線上。一場馬拉松，怎麼與你我的人生如此相似……

如馬拉松一樣的漫長人生，假設能利用空檔年好好回首審視自己，勢必不會再有抵達終點才發現跑錯路的選手。**所謂空檔年，是可以彈性選擇是否暫時中斷學業，透過體驗志工活動、旅行、職涯探索、教育課程、實習、創業等活動，設定自己未來方向的一段時間**，是提升學生、社會人士學業與工作效率的制度，同時有效控制社會問題的文化，也才因此在全世界大受歡迎。

英國於一九六〇年代首次出現空檔年概念，鼓勵年輕人於高三畢業，成為大一新鮮人前，先休學一年，走進世界，找尋適合自己的人事物。後來吸引威廉王子和演員艾瑪·華森相繼參與，而引起大眾關注，逐漸形成一種文化。

在愛爾蘭，高一時即可選擇是否參與空檔年。國三畢業後，自行選擇升學與否，若選擇念高中，高一時則可於結束上午必修課程後，按照自己安排的行程，修習話劇等才藝類課程，或從事志工活動等社會服務、前往適合自己的產業，實際體驗工作環境與內容。高一時若未選擇空檔年，則可以開始準備升高二與大學。愛爾蘭的這種文化，讓高中生們靠自己找到人生目標。空檔年不僅有助學生提升成績，還能找到甘願窮盡一生時間追尋的夢想。託空檔年制度帶來的附加效用，歐洲許多國家都樂意以不同形態推廣空檔年。

在澳洲，同樣推行空檔年制度，而在美國、加拿大也已蔚爲風潮；你我熟知的常春藤盟校也透過多樣形式，推廣空檔年制度；甚至連世界數一數二的名校哈佛大學，同樣會在開學時寫信給學生，推薦他們參與空檔年活動。

進入世界一流學府，可能是爲了別人，而不是自己，因此才會鼓勵學生參與空檔年。當然，訂定自己讀書的理由與目標，也是校方鼓勵學生思考的項目之一；至於麻省理工學院與普林斯頓大學則自行開發空檔年企劃，不僅供學生自行申請，甚至提供獎學金讓他們能在期中報名參加。

在日本，自二〇一一年開始引進空檔年概念。爲了配合空檔年，東京大學將開學日調整至九月，並有制度地透過各種形式供學生申請。

不難看出世界不少國家都希望年輕人成爲大人前，能好好利用高中畢業後，眞正進入職場前，給自己擁有一段勇敢夢想的時間。讓變成大人的年輕人，憑藉自己的力量，找到讀書的眞正原因、選擇主修科系的原因、夢想是什麼等等。

固然可以利用空檔年參與多采多姿的活動，不過大致可濃縮爲職業體驗、教育課程、旅行、志工活動數項。職業體驗可分爲三種：國內外實習、產業體驗、創業。選擇實習的人，得於某些國家選擇週間二日上班三至四小時後，自行判斷該工作是否適合自己。畢竟產業不同，可能與自己想從事的事、性格都有所差異。

透過體驗各種產業的空檔年活動，有助往後選擇職業。以韓國偏好雇用男性的汽車產業爲例，可以讓女性感受實際工作時的性別差異；相反，偏好雇用女性的產業，工作內容同樣也可以讓男性感受其中的難處。

至於空檔年的創業活動，則透過相當多樣的方式進行。有人利用大學在學或空檔年期間出現的創意想法創業，有人加入創業小組，著手進行自己的創業大計。隨著近日社會問題漸增，亦有人聚集志同道合之士，創立社會企業，以解決社會問題爲目標。

空檔年的教育課程同樣有許多不同的選擇，以專業教育、學術研究、職涯探索爲主要代表項目。專業教育提供品酒、咖啡、漫畫、流行音樂等大學正規教育無法選擇的課程，或多才多藝得無法被侷限於單一領域時，亦可透過空檔年，確認眞正適合自己的才能。

起初創立「韓國Gap Year」這間公司時，由於「空檔年」一詞尚未爲韓國社會熟知，要讓大眾清楚這個概念爲何，著實不是件易事。因此，我加入「休學」元素，先從強化基本認知開始做起。原因在於，對韓國大學生而言，利用休學期間累積其他學經歷的觀念根深蒂固。然而，對外國人而言，所謂空檔年，並非做自己非做不可的義務，意即不是爲了求職鋪路，**應是做自己眞正想做的事**。這正是「休學」與「空檔年」最根本的差異。因此，需要時間將「應該做的事」轉換成「想做的事」。無論當初開始空檔年時或此時，我最希望能看到的一幕是——

「媽，我想有空檔年。」

「是喔，好啊！」

像這樣，空檔年成爲再自然不過的文化。在旅途中遇過的外國年輕人口中，「空檔年」僅是個普通名詞。恰如不知道自己該做什麼，不懂該如何過日子而選擇旅行的我一樣，他們也是如此。

「因爲我不知道自己以後該做什麼，所以想先認識世界。」

「以後想從事某個領域的工作，所以我想多學學關於該領域的專門知識，並培養更寬闊的視野。」

基於上述理由而選擇空檔年的人很多。有人利用打工度假，邊賺錢邊旅行；有人旅居歐洲諸國，離開自己的國家，選擇在他國實習；也曾遇過在亞洲和非洲從事志工活動的年輕人。在不同的地方，以不同的模樣，擁有專屬於自己的空檔年。

每遇見一個人，我都能感受看似平靜卻暗潮洶湧的衝擊。他們不像我們，只懂用書本選擇前途，而是用經驗決定未來。隨著時間流逝，我感受的衝擊逐漸減弱，也開始覺得他們所言理所當然，只是每次得到的衝擊，早已烙印於腦海深處。

爲了未來而煩惱、受苦、體驗是很自然的事，就像我們看電影時，也會想試著找找電影相關資訊或影評，或是聽從電影愛好者的推薦後，苦惱該看哪部電影，接著才從網路預約訂票，或直接到電影院買票。如果連看電影都需要經過這些過程，那麼選擇職業這件人生大事，爲什麼不需要經過探索、審視的過程呢？眞令人百思不得其解。

只此一次的人生，加上每次選擇職業至少都得累積四、五年經歷，才能爲履歷加分。一個人如何選擇自己的第一份職業，將決定往後二、三十年間從事的工作內容。然而，如此重要的選擇，是否應在不清楚究竟適不適合自己性格時便決定呢？單純因爲大企業的光環、高年薪而選擇那個地方？

即使不是因爲煩惱未來才啓程旅行，但沿途遇見無數的青春靈魂，激發了我強烈的好奇。他們究竟爲什麼旅行？於是，我開口問道：

「你爲什麼來這裡？」

「這是我的空檔年，我想在這裡實習。」

「什麼樣的實習？」

「念高中時，覺得很徬徨，所以想著嘗試從事幫助別人的事看看……後來，就到這裡的NGO工作。不知道幫助別人是否適合我的個性，也不知道能不能長久從事這份工作。總之，想先體驗一下，再好好思考。」

儘管每個人想做的事都不同，卻有著燃燒全部熱情找尋自己眞正想做的事的共通點。因選秀節目《Super Star K》成名的Roy Kim也是暫緩升大學的計畫，選擇了空檔年。因爲空檔年，他才到韓國學音樂，參加選秀節目，肯定自己的才能，選擇成爲歌手。

空檔年，讓人擺脫以管窺天的人生模式，給予你我一個重新夢想的機會。當有人問「空檔年是什麼？」我會這麼回答：

「通往夢想的道路。」

如果空檔年是通往夢想的道路，不妨試著思考這條路能成就什麼。從此刻起，就是探索這條路的時間。跟著下一章「自助空檔年」，一步步擬定關於未來的四個階段吧！

## 「自助空檔年」第一件任務：尋找障礙物

有人向我丟了一塊橡皮擦。我無意識地闔上雙眼，轉頭避開橡皮擦。然而，對方根本沒有丟出橡皮擦，只是假裝丟而已，我卻以為他丟了橡皮擦，便看也不看飛過來的橡皮擦，不自主地閉眼、轉頭，未經思考即行動。當某樣東西朝自己飛來時，常因身體被打中的記憶，讓我們自然出現閉眼、轉頭的條件反射。

俗話說「一朝被蛇咬，十年怕草繩。」意即一旦被蛇咬過，只要再見到類似的東西就會自然感到恐懼。

因為逼不得已，A必須與非常深愛的人分開。晝夜翻湧的悲傷情緒，讓他足足哭了好幾個月。即使心裡稍微感到平靜，眼淚也會在走路走到一半時突然潰堤，只因聞到偶然經過身邊的路人，散發前任情人經常使用的香水味。後來，每當A聞到這股香水味，都會變得悶悶不樂。假如上述橡皮擦是行動的條件反射，那麼香水就是情感的條件反射。

所謂條件反射，就像躲避橡皮擦或聞到前任情人的香水味一樣，不只是單純的動作或情感。想送人某份禮物時、絞盡腦汁思考解決不了的問題時、與人建立關係時，處處可見條件反射的身影。

面臨決定自己人生的夢想與目標時亦然，只是自己並未察覺條件反射的影響罷了，甚至還會倚靠條件反射描繪我們的未來。每個人的一生，都因自身經歷與情感，存在獨有的條件反射，而這樣的條件反射，漸漸成爲阻礙新想法與嘗試的障礙物。

進行諮商服務時，曾遇過一個案例。有位女學生爲了詢問自己該如何度過空檔年而找上我們，聊了很久，我發現只要提到家人與其狀況，她便開始顧左右而言他，一直想含糊帶過，尤其說到「媽媽」二字時，最爲明顯。於是，我故意不斷提及媽媽。當我詳細問起關於媽媽的問題時，她瞬間淚如雨下。

「爲什麼哭？」

「眼淚自然就流下來了，我不知道自己爲什麼哭……只是控制不住眼淚……」

我靜靜等著她的情緒緩和。經過很長一段時間，她仍止不住哽咽。我要她盡量哭，然後留下她獨自一人。過了三十分鐘，過了一小時，她依然無法停止哭泣。

「不管是什麼都好，要不要試著說出想說的話？」

「媽媽一直阻止我。」

「媽媽阻止妳什麼？」

「全部……一切……只要是我想做的事，媽媽全都想盡辦法讓我做不了。每次我說的話，媽媽都會字字挑剔，把我變成做什麼錯什麼、一無是處的人。」

「媽媽是邏輯思考很強的人嗎？」

「與其說是邏輯思考，其實只是不合她心意。成績如此，交男朋友也是如此，媽媽說我沒有一樣東西合她心意。其實……我有很多想做的事……但媽媽都不准。我覺得自己的存在，就只能等著被媽媽無盡拒絕。一想到這裡，我就忍不住眼淚……」

「每次媽媽那樣時，妳都在想什麼？」

「什麼都想不到，想不起情緒，想不起想說的話，也想不起想做的事。爲什麼想做那些事、做了那些事後可以再做什麼……每件事我都想不起。事先準備好的東西，好像就此從腦海中消失一樣，腦筋一片空白。」

「經常出現這種情況嗎？」

「國、高中時期經常出現。現在不太常出現，因爲我比較少和媽媽說話，最近也不太爭執，所以才更不知道自己爲什麼哭。」

「媽媽大多要求妳什麼？」

「這點其實我不太清楚，反正我只要跟媽媽說想做的事，結論都是朝相反方向而去。她總說我的想法不好，不會有好結果。高中時，媽媽說我一定要念大學，要我別做一些沒用的事，我便乖乖聽話照做了。只是到了現在，我眞的不知道自己到底做錯什麼了……」

「所以媽媽要妳別做的事，你都沒做嗎？一次也不曾嘗試過自己想做的事？」

「有是有啦……眞的很想做的事，我還是做了，只是結果通常不好。這種時候就會被嘮叨一番『妳看吧，我怎麼告訴妳的？就跟妳說不會成功！』諸如此類的話。就算結果可圈可點，媽媽也會希望我再改正這裡，改正那裡，讓結果更好，而不是稱讚。」

這樣的對話持續了一陣子，關於媽媽、自己正在修習與體驗的事、被人壓迫的經驗、其他辛苦的事等等，把從小到大的心路歷程，一件一件坦承分享。對她而言，媽媽是高高在上的存在，能讓她做到一切，也能讓她做不到一切。媽媽不准的事，她絕對做不到；媽媽准許的事，就算討厭，也要假裝完成。

我相信，「媽媽」就是這位女學生的障礙物。只是，**別人不可能真的成為阻礙自己夢想的障礙物**。就算認爲媽媽是障礙物，也只是我單方面的想法，因此當務之急是改變想法。大家不妨試著按照下述文字思考看看。

想像一位不過認識幾週的朋友。自認識這位朋友那刻起，我必須無條件聽從他的話，往後無論他提出任何要求，我都必須完成。他想吃什麼，我就得讓他吃到什麼；他想睡覺，我就得想辦法讓他睡著；賺了錢，也得優先花在他身上。而這位朋友如常只負責照顧自己，並宣稱你有義務聽他的話。那麼，你會對只顧自己的他說什麼呢？

這段故事，是從另一個角度看女學生與媽媽的關係。大多數子女，因爲在媽媽肚子裡生活了十個月，所以對媽媽產生「無條件」要求的心態。子女要求父母無條件的愛，世界也要求父母必須「盡義務」維持與子女的關係，隨時隨地無條件付出所有。試想某天突然有人找上門，要求你無條件愛他。因爲他脆弱、沒有能力，所以希望你無條件照顧他，任誰都很難一口答應這種要求。然而，父母卻扮演了這種甘願付出所有的偉大角色，以「無條件」爲宗旨，耗盡心思照料孩子的品性、外在、習慣，用心教導，扶養你我成長。

我不是爲了說服女學生「父母是偉大的存在」才對她說這個故事，我甚至能充分體會她對媽媽懷抱的憤怒與傷痛。可是，她必須先停止將成長過程不能如願完成自己想要的人生的錯，怪罪於別人。或許，這將是段漫長且艱難的過程。

**人，一直在成長**。因爲父母，因爲環繞自己的環境而成長。只是，以「愛」之名滋養自己成長的元素，往往會成爲下一個成長階段的障礙。即使我們能藉由條件反射發現阻礙夢想的人事物，但這些人事物會以各種形式藏身於你我的人生，根本難以意識其存在。此時，即需要好好自省。

自省，是側耳傾聽自己的內心。褪去感性，以理性的視角審視自己。如此，才能察覺內在根深蒂固的問題。

透過下列問題，仔細確認究竟是哪些根深蒂固的問題，阻礙了通往夢想的道路。

「自助空檔年」第一件任務

# 你想要的是什麼？試著找出自己眞正想要的東西。

## 完成方法

假設時間與金錢皆充裕的情況，寫下三十件自己想做的事。接著試想達成想做的事時，會有什麼樣的感受，並記錄下來。最後，用一個詞（勇氣、利他精神、有意義、成就感）表達該種情緒後，將類似的詞歸類。

| 編號 | 想做的事 | 實際感受 | 情緒種類 |
| --- | --- | --- | --- |
| 例 | 走一趟聖地牙哥朝聖之路 | 我也做得到 | 勇氣 |
| | | | |
| | | | |
| | | | |
| | | | |

| 編號 | 想做的事 | 實際感受 | 情緒種類 |
|---|---|---|---|
| | | | |
| | | | |
| | | | |
| | | | |
| | | | |
| | | | |
| | | | |
| | | | |
| | | | |
| | | | |
| | | | |
| | | | |
| | | | |
| | | | |

## 診斷

1.當情緒種類被歸納成一至兩種時：你強烈渴望完成自己想做的事，且清楚自己想做的事爲何，現在即可著手進行自己想做的事。如果不這麼做，將很難改變自己的人生。希望你能勇敢去做自己想做的事！你欠缺的只是一股勇氣！

2.當情緒種類被歸納成五至六種時：建議優先選擇出現次數最多的詞，成爲空檔年的主要目標。按照出現次數多寡，決定從事順序，其他較少出現的情緒，可能會在過程中產生變化或消失。

tip

寫下自己想做的事，不只是記錄過去一直存在的想法，而是讓自己知道，利用其他的方法，也能實現。想做某件事的理由，大多因爲長久累積的缺陷。因此，只要一件接著一件完成想做的事，自然就能排除障礙物。請拿出一點勇氣吧！勇敢與自己的另一種樣貌相遇！

# 「自助空檔年」第二件任務：離開水坑

有位就讀北京大學的學生，他的人生目標是進入大企業與高額年薪。手中握有十八種電腦相關證照，以及國內外大企業實習經歷，於各領域皆可見其極爲卓越的表現。他以高亢且急速的聲調，四處打聽自己是否有機會進入大企業工作。

然而，卻得到如下評價，大企業人事負責人：「我們不會選擇你這樣的人。」心理諮商師：「你是相當不幸的人。」朋友：「你給人強烈的距離感。」使他大受打擊。

這是出自EBS紀錄片中一位畢業生的求職故事。究竟阻礙他夢想之路的問題是什麼？他十分在乎別人的評價，且高度關注別人定義的「成功」。於此，已經能看出他的問題：將一切心力專注於來自外來的評價與標準，而非自己眞正喜歡的東西。

他本來就讀非首都圈的大學，經過苦讀，才考進北京大學。身邊朋友連他原本的大學在哪裡都不知道，成爲他始終忘不了的恥辱，當時的情緒也因而刺激了他。等到考上北京大學時，他居住的社區甚至掛上大大的橫幅。躋身看板人物的他，開始重視他人認可，而非自我肯定。

讓他失去自我的原因，在於他把自己拖入水坑，而這個水坑正是代表阻礙你我夢想的障礙物中，內心最脆弱的部分。有些障礙物，純粹是不動如山的阻礙；有些障礙物，卻是會磨滅熱情，拭去部分人生章節的險惡水坑。這些水坑可能存在父母過高的期待、老師的指責、家庭環境等。老師一行無心的評語、朋友在背後說的一句壞話、某年夏天掉進水裡的童年記憶，都會是你我心中的水坑。

雖然水坑不一定是反派角色，有時也能激發一個人奮發向上的勇氣，不過大部分都是讓人難以脫身的障礙。欣賞出色的小提琴家演奏後，可能讓人懷抱憧憬地拚命練習，期望也能成爲小提琴家，也可能讓人對自己的能力感到挫敗，因而放棄小提琴。

水坑，其實是某種層面的創傷，過度傷痛的經驗始終無法消失，最後烙於內心深處。有時能透過其他正面的經歷得到療癒，有時則得靠自己積極克服。只是，大多數的人都不知道自己的傷痛爲何，因而無法逃離水坑，無法繼續前行。

尋求空檔年諮商的人，大致可分爲三種情況：因水坑無法再前行而停下腳步、自知如何離開水坑、離開了水坑卻不知所措。

我希望大家可以仔細思考，自己究竟屬於那種情況。若是第一種，**目前身陷水坑的人，你需要的是「勇氣」**。掉進水坑無所謂，跌倒在地無所謂，只要你願意抓住人生目標的旗幟就好。一旦抓住旗幟，即使很晚才發現水坑的根源，也能迎刃而解。換句話說，應將注意力聚焦於目標，而非水坑。若是第二種，自知如何離開水坑的人，只要確定方法後，繼續踏上原路即可。問題在於第三種，明明該邁向另一階段，卻不知該何去何從。從小意識並相信自己的才能，是很重要的事。儘管從深不見底的水坑脫身，卻因缺乏自信，不知所措的話，拜託你好好相信自己，帶著自信前行吧！你已經走了這麼遠的路，務必繼續走下去。

人只要對自己想做的事沒信心，就會開始在意別人的眼光，留意別人的言語或反應，反而讓自己變得杯弓蛇影，侷限或阻撓自己正在做的事。最後，陷入漸漸失去自信的惡性循環。

從小看著父母臉色長大的孩子，即便長大成人，也會遭遇許多困難。只要說出自己想做的事，總是受到制止，隨之提出的替代方案，同樣慘遭駁回，頻繁經歷這樣的過程，想做任何事的渴望終將消失殆盡。結果，便開始認爲自己是什麼都做不了的無用之人，變得越來越被動。更嚴重的狀況，是就此陷入無力的漩渦，淪爲連吃東西也無法正常進行的人，喪失一切感覺與自主能力。

當成長過程中的傷口開始慢慢化膿時，便會出現水坑。起初的小水坑，日益擴張成大水坑。你我身上都有難以數計的水坑，如果不懂得訓練自己離開水坑，便永遠無法離開水坑成長。

完成超過一千場諮商服務的我，主力是幫助客人離開水坑。有些人連參加空檔年都很困難，因此我會先建議他們參加演講與討論活動，激發參與動機，同時提升自信。

生命曾遭受重大創傷的人，通常不太會有外顯的表現，甚至於承受嚴重壓力時，會從身體先出現疼痛的感覺。對這類人而言，討論活動具有相當顯著的效果。藉由討論活動，讓他們漸漸開始學習表達自己，並透過別人傾聽自己的故事，獲得受尊重的感覺。反覆進行這些過程，**恢復自信，並擁有參與空檔年的勇氣，發揮潛在的積極態度，產生離開水坑的力量**。

現在的我的樣貌，部分來自自我意志，部分來自出生迄今所見、所聞、所經歷，潛移默化地形塑而成。此刻的我、我的人生，或是面臨某些抉擇關頭所做的決定，過去積累的經歷往往有著舉足輕重的影響力。困在水坑一段時間的你，不妨重臨過往的記憶，找出水坑生成的原因，並提筆記錄。

爲了不讓起初的小水坑變成大水坑，必須先找出水坑生成的原因。一旦水坑隨著時間流動而變大，可能因此堵塞人生，甚至導致滅亡。童年被狗咬過，造成對狗的厭惡，並一併厭惡跟狗類似的動物。最後，這個水坑可能不知不覺擴大成厭惡所有動物。**再小的水坑，只要不肯面對，就有機會變成阻礙未來的因素**。即使短時間內找不到阻礙自己人生的原因，也請務必選擇面對。

找出讓自己懦弱的水坑爲何後，就得開始煩惱如何克服。可以試著**透過閱讀，找到適合自己的方法**，或是嘗試讓自己的言行舉止朝截然相反的方向發展。唯有將短處化爲長處，才能強制讓本來的自己擺脫環境的束縛。

「自助空檔年」第二件任務

# 你究竟擁有多少障礙物？

## 完成方法

透過第一件任務，想必你已經得到每件事的優先順序，並找到自己的情緒。爲了擁有這些情緒，必須先找出現在立刻想做卻做不了的事與個中原因。請利用下列方法，區分這些原因是否爲你的水坑。

1. 爲了擁有第一件任務提及的情緒，請試著運轉腦海中的實現方法，並詢問自己爲什麼不行。
2. 找出答案後，請繼續針對答案提出「爲什麼？」
3. 請依照同樣方式，反覆進行五至六次。

現在立刻想做卻做不了的事是什麼？爲什麼覺得自己做不了？

## 現在立刻想做卻做不了的事是什麼？

例）為什麼做不了？

為什麼？

為什麼？

為什麼？

為什麼？

為什麼？

為什麼？

＊如果無法以「爲什麼？」回答，請改用「哪個部分？」

### 診斷

最後出現的答案，就是你的水坑。請讓問答過程持續到無法再解釋「爲什麼？」即可。以最單純、正確的原因，解出能說服自己的「爲什麼？」當你開始出現一樣的答案，解釋自己爲什麼做不到不同的事時，即已釐清癥結。

# 「自助空檔年」第三件任務：正面迎戰

每個人都存在普遍性與獨特性，固然可以隨自己的獨特性而活，只是一旦開始濫用，終將失去獨特性。換句話說，無論什麼事，都得事先做好失與得的考量。失去確實可惜，但只要不是對自己造成太大的打擊，即可將其視作為了獲得更多而選擇的拋棄。有些人因為害怕承擔風險，而選擇不做選擇；有些人明知要承擔風險，也願意為了獲得更多，而選擇勇敢挑戰。

提起風險，最先令人聯想到「賭博」；提起賭博，最先令人聯想到自己實際到訪數次的拉斯維加斯。那是個十分有趣的地方，遊樂場、餐廳、住宅，以及當地生活與文化，我都仔細觀察過了。某天，我在遊樂場玩了十幾種遊戲，每種玩了一、兩次後，最後決定好好玩遊戲機。靜靜注視人們從腰間掏出一些東西，然後放進機器；另外有位挺著大肚腩的五十幾歲工作人員，到處檢查機器。我緩緩走近，躊躇了一陣子，決定鼓起勇氣拜託他教我如何使用遊戲機。他表示，這款遊戲需有會員卡才能玩，這下我才知道大家從腰間掏出來的東西原來是「會員卡」。與他攀談了一下子後，我有些難爲情地說道：

「我在汽車旅行中，其實……我本來是睡在別間飯店的停車場，結果被趕出來了……我並不是沒有錢，只是沿途託許多人的福，才有辦法用比較少的錢完成旅程，所以我和自己約定好，絕不能隨便花錢……不知道今晚能不能讓我睡在停車場？」

「你的工作是什麼？」

「我是學生。雖然沒有錢，但是想多看看這個世界，所以才啓程旅行。」

他說原則上不行，不過隨即打了通電話，並向對方說了我的名字。沒想到他居然親切地幫我預約了相熟的飯店，還要我隔天回這裡的越南餐廳吃早餐。因爲他早上六點才下班，所以只要報他的名字，就能享用免費早餐。除此之外，他甚至還幫我報名了大峽谷一日遊。我在美國獲得比Jackpot更大的幸運。我在久違的飯店，舒服地休息了一晚，還洗了堆積如山的臭衣服。

人生雖然也是如此，可是旅行本來就離不開既存的風險。然而，得大於失，也正是旅行的魅力。

有位從印度旅行回來的朋友告訴我，他在印度搭計程車時，居然得為了韓幣一百五十元（約台幣五元）和司機扯破喉嚨叫罵議價。當下，他立刻清楚自己不適合這套方法，並開始苦思往後該如何更加善用一百五十元。選擇印度的原因，是為了得到快樂、療癒，學習與人相處，他再不想為了這種莫名其妙的事消耗能量。

像他這樣，知曉自己什麼時候快樂、滿足的人，往往能更快接近夢想。如果在年輕時太快固定方向，夢想的大小可能隨著年紀增長改變，因此急著抓緊方向並非就是萬靈丹。充分花費時間找到自己眞正想要的東西，才是最重要的。

每個人都試過進餐廳時，服務生詢問座位如何安排的經歷：

「靠窗的位置好嗎？還是靠裡面比較安靜的位置呢？」

大多服務生會盡力提供客人最好的服務，我們也因此習慣這些服務。萬一服務生要客人自己選位置後，就直接掉頭離開，客人勢必覺得這家餐廳服務很糟。

我們一邊讚嘆自由美好，相較於百分百的自由，卻又被馴服於某些存在限制或別人替自己選擇的情境之中。因為，如此一來一旦發生問題，我們就能順勢把錯誤怪在別人身上。假設服務生推薦的位置，不如預期舒適，我們便會把「錯」怪在服務生身上；假設是由自己全盤決定，就不能怪別人，也不能發牢騷，因爲自己必須對自己的選擇負責。

人的一生，經常需要面對做決定的瞬間。如果人生的選擇都像從各種冰淇淋挑選喜歡的口味吃，該有多好？然而，人生面臨的選擇，往往沒那麼單純，有些選擇可能會影響一個月，有些選擇可能會影響一年，有些選擇的影響力甚至持續一輩子。因此，我們總是無法果斷決定，躊躇不前。此時，耳邊傳來的各種建議，都充滿誘惑性。

「多花點時間念多益吧！」

「大企業開始招人了，趕快報考。」

「你也快跟大家一樣選個雙主修啊！」

不知道自己該選擇什麼時，我們總會輕易把人生的選擇權託付他人。直到很久之後，才發現當時的選擇並不適合自己，恰似把錯怪給推薦窗邊座位的服務生般，順勢把責任推給社會、父母、朋友、學校。

關於「我的人生」的抉擇，其重要性絕非要坐在餐廳哪個位置吃飯所能比擬。爲了將我的人生導向正確道路，往往需要反覆的「嘗試失敗」。此外，還得承擔隨著不同選擇而來的風險。經歷錯誤、失敗、風險，我們才能漸漸懂得做出更好的決定。這也是爲什麼我們的人生需要一次就能體驗挑戰與失敗的「空檔年」。

「自助空檔年」第三件任務

# 妨礙你的風險是什麼？試著說出每件事的風險。

## 完成方法

1. 有沒有想做的事？
2. 想做的事，是否存在風險？
3. 當想做的事失敗時，心情如何？試從下列選項挑選適當感受。

**非常討厭－有點討厭－一般－有點開心－非常開心**

4. 你知道只要克服風險，便能換來等值的回報嗎？
5. 既然知道風險，爲什麼仍想做這件事？

6.希望透過這件事，獲得什麼回報？

7.即使一輩子都得不到希望的回報，仍有自信正常過生活嗎？

8.如果風險換得的挫敗感很大，你覺得何時最適合挑戰？

**10＋歲—20＋歲—30＋歲—40＋歲—50＋歲—60＋歲—70＋歲**

9.那麼，你打算何時開始做這件事？何時開始的風險最小？

**現在—1年後—2年後—遙遠的未來**

10.你有預測一切的能力嗎？你確定自己能清楚分辨什麼是回報，什麼是風險嗎？

tip

將所寫下的答案，連接成一段文字。找出深藏內心的風險，確實面對，即能發現它比想像中來得不危險。

## 「自助空檔年」第四件任務：找回被遺忘的夢想

意識障礙物、順利逃離水坑、學會面對風險後，我們需要時間好好找出那個藏身於條件反射之中的自己。這麼做，是爲了掌握自己究竟置身何種情況，並尋覓轉捩點。第四件任務：找回被遺忘的夢想，共分爲十個階段。從現在起，藉由某個二十幾歲的年輕人找回自己的過程，我們也試著找回被自己遺忘的夢想，或構思渴盼於未來完成的夢想。

### 〈第一階段〉認知階段

了解自己正在用何種樣貌過日子，從披覆於外的熟悉軀殼，釐清自己的模樣。

他的一天，相當單調，說話有氣無力，永遠都擺出一副厭倦的表情呆坐。

「就跟朋友一起吃飯，然後打撞球。直到有天回家，我突然覺得『自己眞的想過這種生活嗎？』」

只是，他很快忘記這個想法。後來的生活，絲毫沒有變化。聽完這段故事，我向他提問：

「那你爲什麼要去學校？就算去了學校，既不聽課，也學不到東西啊？」

他沒有回答。經過長時間沉默，仍一語不發。又過了一陣子後，他面有難色地說道：

「就算不去學校，就算混到畢業，我也不覺得是種休息。我知道這一切只是在勉強自己……」

然後，繼續漫長的沉默。突然，他又接著說：

「我不想過這種生活，繼續這樣下去，我只會變得更無力。」

**意識自己處在什麼情況，正是「認知階段」**。察覺是什麼在影響自己的人生時、察覺自己置身什麼狀況時、察覺自己思考哪個部分出問題時，清楚自己應該付諸什麼行動，皆爲自我認知的過程。

在百貨公司買衣服時，有人不須試穿就知道衣服不適合自己，有人需要試穿後站在鏡子前才知道適合與否，有人根本不知道不適合就直接買回家穿，有人甚至明知不適合，只因爲品牌迷思硬穿上身。

這位年輕人的情況正是如此。明明知道學校生活毫無意義，仍打算至少混到畢業。明明知道穿著不適合自己的衣服，仍被社會或自己的固有枷鎖綑綁，認爲上學一定要等到畢業。

基於無數種理由，我們深陷即使想改變也改變不了的窘境，只因過去的經歷、社會的傳統觀念、世代傳承的認知，囚禁了你我的行動。不妨試著找出類似自己眞正想要的「東西」，適當撫慰自己，消解長久累積的壓迫吧！

**第一階段** self check!

知道自己正在面對什麼問題，並於想起它時，出現何種情緒？

## 《第二階段》尋找興趣

認知自己的樣貌與所處情況後，便可以開始尋找自己想做的事，感覺「興趣」。

「我想要有空檔年。」

「為什麼？」

「很酷！我想用音樂表達自己腦海裡的想法。」

「看來你應該很會Rap？」

「不，我不會啊！只是喜歡聽。」

「沒有想過自己創作嗎？」他聽見後，皺了皺眉。

「我有嘗試學習，可是要花很多時間……我沒什麼耐性。」

「花時間與努力熟悉它，不覺得是享受嗎？」

他的眉頭，皺得比剛剛更深了。

「不覺得。」

我們決定重新思考，真正感受趣味是什麼滋味。時隔一週，他重新找上門。這時，他表示自己想成為文案撰稿人，因為覺得文字擁有撼動人心的影響力。於是，我們決定再給彼此一點探索的時間。第三次找上門，他表示自己想成爲演員。

「從Rap到文案撰稿人，再到演員，是什麼改變了你的興趣？」

相較於脫口而出的想做的事，面對這個問題，他無法輕易回答。我們繼續對話，尋找他感受趣味的本質何在，才發現他對「表現」這件事充滿興趣。

無論選擇什麼方式過日子，一旦缺乏自信，根本無法確認自己是否擁有想做的事。這位年輕人之所以對「表現」感到興趣，也是爲了想證明自己的存在。在學校，他是個沒有存在感的學生。對他而言，學校是爲了那些會讀書，或才能出眾的人而存在的地方，而不屬於其中之一的他，僅是默默待在那個地方罷了。

他討厭那樣的自己，他想向世界宣告「我也能成爲發光發熱的存在」！這正是他想嘗試Rap、文案撰稿人、演員的原因之一。於是，他選擇將焦點擺在「自我表現」，一來是無奈於不能向身邊的人如實表現自己，二來也是因爲他內心潛藏著想要表達自己的渴望。

當我們需要某樣東西時，便會意識其存在。就像口渴時，急著找水，腳痛時，急著找休憩的地方，內在需要某樣東西時，就會無意識地想做某件事。唯有在缺乏「需要的東西」之際，才能有所感覺固然使人不舒服，但是，藉由這樣的缺乏，也才能意識自己想做的事，即發現自己的興趣。

**有辦法長時間不感厭煩地從事自己想做的事，其中的力量正是源於「興趣」**。做自己喜歡的事，爲自己想做的事瘋狂、盡力爭取自己想要的東西……只有懂得感覺自己的興趣，才能長久且圓滿地完成一件事。

**第二階段** self check!

假如你即將在三年後、一年後、三個月後、三天後死去，你想做什麼事？懷抱只能在剩下時間做這些事的心情，逐項記錄下來吧！限時一分三十秒。

三年後：

一年後：

三個月後：

三天後：

## 〈第三階段〉學習選擇

發現自己對什麼感興趣後，接下來要進入「選擇」階段。

「我們什麼時候走？現在可以走了吧？」

我們決定去新的地方。他期待新鮮的人事物，而我相信只有離開熟悉的空間，在嶄新的地方對話，才能發現更多潛在的東西。第一次，我們去了附近的市場。一邊逛市場，沿途聊著自己認識的人之中，是否存在因興趣而工作的人。

「透過這次經驗，你有發現自己感興趣的事嗎？」

「沒有。」

第二次，我提議一起旅行。同時，我也提出一個附帶條件：他必須獨力完成旅行計畫，因此務必相當慎重地考量費用，以及選擇自己想做的事。充滿幹勁的他，展現了我前所未見的模樣。在限定的時間、限定的資源內，他努力做出最好的選擇，我則是好好忍耐與等待，直到他自己完成選擇爲止。

每當於諮商服務時面臨抉擇，我總會靜靜等待客人做出決定，因爲我希望他們能好好體驗選擇的快樂與痛苦。Rap、文案撰稿人、演員，究竟會選哪種呢？無論我怎麼問，他從不曾回答，或者說他根本不懂怎麼回答。然而，我不想剝奪他一直擁有卻不自知的選擇權。

煩惱了很久，最後他決定放棄旅行。做出無數決定，並一一爲這些決定負責的過程，他知道選擇自己想要的東西，並不簡單。不過，既然他做了「選擇」，我當然也尊重他的「選擇」。我只是靜靜等著，因爲我清楚他在籌備旅行的過程，非常快樂。因此，當他選擇放棄時，我要他暫時緩一緩。我想，如果想消除選擇過程帶來的壓力，必須先讓自己喘口氣。

**選擇，是人生送給你我的福利，卻也帶著隨之而來的責任**。面對無窮無盡的選擇，時常感到憂慮的原因，大概是認爲自己應該能做出更好的選擇，而爲後悔與執著所苦吧？此時，我們需要的是「勇氣」。我的選擇可能正確，也可能錯誤，不過，唯一能確定的是，當時我們的確需要這個「選擇」，自己也已做了最好的決定。

**第三階段** self check!

1. 是否嘗試過鼓起勇氣，離開原有環境，前往新地方？哪個地方最令你感到快樂？
2. 那個地方令你感到快樂的原因是什麼？

## 〈第四階段〉專心一志

完成選擇後，即可傾注全力專注於一件事。

經過一個月，我再次收到他的聯絡。一抵達約定場所，他立即打開筆電。我知道，他正在改變。機票、住宿、交通工具、餐廳，甚至連火車票，他都一一完成預約。先前讓他苦惱好幾天的事，現在居然在三十分鐘內完成。

「爲了這趟旅行要吃什麼、做什麼、嘗試什麼新東西，我不眠不休地煩惱……很快樂……」

我好奇是什麼改變了他。他表示，自己決定放棄旅行後，便重返原本的生活。只是，打電話告訴我他選擇放棄後，心裡總覺得不舒服，好像做錯什麼一樣，甚至不知爲何地萌生了「自己一定會後悔」的念頭。爲了讓自己努力想要忘記這些念頭，便去了學校和朋友閒聊、喝咖啡、打撞球、熬夜喝酒……

「可是，眞的很奇怪，這些時間過得一點意義都沒有。我才驚覺這不是自己想要的，無論如何，我只想做自己想做的事，不過就是去趟旅行……心裡大概都是這些想法……」

第一次計畫旅行時，光是選擇的過程就足以讓他傷透腦筋。不知道如何在陌生地方生活的他，非常害怕。儘管如此，他仍相信自己能透過旅行感覺自己活著的意義，於是決定提起勇氣。

每個人小時候，一定都試過專注於某件事物，專注得不覺時間飛逝，只顧埋頭挖土、組機器人、摺紙飛機……懷抱一股熱忱，聚精會神到不感時間存在，無論環境如何改變，也無法阻礙自己的決心。就算是髒兮兮或令人不舒服的地方，全都無所謂，只是專注於享受興趣的瞬間，沉浸於埋首其中的喜悅。

知道自己何時處在專注的狀態，對自己是件很有幫助的事。有人得在安靜的地方才能專注，有人得抖著腳或摸著耳朵才能專注。不過，「專注」的意義可不只侷限於環境那般狹隘。看見別人遭遇不平的事時，有人會專注於發揮正義感；爲了發揮最大的創意，有人會專注於奉獻自己的一切。

專心一志時，因爲不清楚自己是否走在正確的道路上，偶爾想從別人身上得到肯定，偶爾也會感到不安。此時，我希望大家能重回最初的起點。現在與剛開始的自己的樣貌，有何不同？如果只是有點累了，只要休息一下就好。但是，假如一開始的自己更生氣勃勃、更熱情漫溢的話，那麼此刻正是你需要新變化的時機點。

**第四階段** self check!
是否嘗試過為了讓你心跳加速的事情鼓起勇氣？對你而言，勇氣是什麼？

## 〈第五階段〉停滯不前

當我們熟悉某種環境時，往往就會失去「興趣」，隨之迎來停滯不前的時機。

「去那裡，有意義嗎？」

漸漸熟悉旅行步調的他，某天睡過了頭，全因自己安排的行程過於緊湊，體力開始出現下滑的跡象。覺得有些可惜的我，即使想與他分享旅行心得，卻決定這次也把主導權給他。他向我提議改變預定的行程，前往市中心。之前有次已在市中心過了一整天，但沒有發現任何新鮮事，看起來不像旅行，而是習慣都市觀光的人。

習慣，是種適應。剛開始一件新鮮事時，我們會因興趣而專心一志。然而，隨著日益習慣，個中樂趣反而變得反感，原本瘋狂投入的心情，也消失無蹤。爲什麼會對曾經那麼熱衷的事失去樂趣，甚至在找出原因前，已選擇半途而廢？迷惘著眼前的路，究竟是對是錯，而感到裹足，「停滯不前」就在此時突然現身。一旦陷入停滯不前的時期，不只實力不會增長，就算實力正處在增長中，其幅度也不大，也因此不會有任何成長的感覺。

進入這個時期時，如果有人問起「你對前陣子興致勃勃做的事很了解嗎？」便會突然驚覺自己根本稱不上是該領域的專家。假設此時沒有出現任何改變，成長幅度便會趨緩，曾認爲屬於自己的路，也會如過去半途而廢的事一樣，淪爲「試過」的事之一。此時，其實正是讓大家停下腳步，好好審視自己的大好時機。

**第五階段** self check!

屬於你所有的時間，都只花在自己身上嗎？抑或是花在其他事、其他人身上？暫時閉上雙眼，想像自己的一天，計算究竟一星期內都把時間花在誰身上了。

## 〈第六階段〉蒐集資訊

擺脫「停滯不前」的階段後，則須開始分析自己的心理狀態與當前處境。若想嘗試新事物，重新找回興趣，蒐集資訊即為相當重要的階段。

我決定好好刺激他，希望藉此讓他重新認知自己現在的情況。於是，我選擇不斷拋出問題，直到他找到答案。

「你為什麼不想去那裡？睡過頭的真正原因是什麼？什麼阻礙了你的行動？市中心明明沒事可做，為什麼要在那裡花上整天的時間？」

幸好他也發現自己的癥結，選擇積極與我對話。雖然一天睡過頭，並非什麼大事，卻也因此成了轉換生活方式的契機，讓他開始著手蒐集相關資訊。甚少能見到他一鼓作氣完成一件事，虎頭蛇尾的壞習慣，不難看出他既有的做事模式。

偶爾，當我們會突然對某件事失去興趣，覺得人生不再成長，或將每一天視為理所當然時，往往會開始尋求變化。然而，下定決心要改變之際，我們又成了挑剔、壞脾氣的臭小子。想迎合這個臭小子的口味，比想像中困難多了。因此，若想找出適合自己的變化，極端的選擇會比蒐集資訊來得有效，即停下所有正在做的事。

此時，最重要的是**重新認知自我狀態**。一旦省略重新認知自我狀態，與調整當下處境的過程，可能會對失去興趣的原因產生錯誤判斷。這些過程不只適用於工作或行動，談戀愛、學習新事物、運動、旅行，都能發現共通之處。

爲了有智慧地度過對一切倍感厭倦的時期，重新認知自我狀態，與蒐集多樣資訊，即爲相當重要的步驟。檢查自我狀態、環境、喜好等，重回當初只憑興趣拚命往前衝，卻突然停止的時機，蒐集各種資訊去思考如何解決其他因素造成的影響，或其他人會在這種情況使用什麼方法克服。盡力蒐集最完整的資訊後，分門別類找出最適合自己的新方法。藉由這種方式，改變自我狀態與環境，靈活運用多樣方法，刺激停滯的步伐重新上路。

面臨單憑興趣支撐的行動，赫然止步時，企圖迅速找到全新方向並非好事。蒐集更多資訊後，再進行新選擇或尋覓真正屬於自己的路，才是明智之舉。

**第六階段** self check!

1. 你能克服環境嗎？
2. 如果無法克服，那麼你覺得什麼樣的環境才能讓自己成長？什麼樣的環境因素，能對此刻你的人生產生正向變化？

## 〈第七階段〉融會貫通

經過蒐集階段後，以手上的資訊爲準，重新定位自己的方向，融會貫通。

「毫無目的的去找路過的外國人搭話，眞不是普通困難。」

啓程旅行前，他表示想嘗試Rap、文案撰稿人、演員，皆是源於「喜歡表現」，卻也因此阻礙了他的行動。他眞正想做的事，不是旅行，而是向世界展現自己的想法，讓世界知道自己的存在。

「如果只是四處觀光，我其實不知道自己爲什麼在這裡。」

對他而言，Rap、文案、演技是能將自我意識傳達給別人的有意義之事。可是當時的旅程，不過是在參觀別人的生活樣貌罷了，才使他對旅行的熱忱日益消失。

「何不試著把你想藉由行動向別人表達想法和旅行結合？」

我希望，他能找到巧妙融合觀察世界與表現自我的方法。寫著盡收當地景色的明信片，是彷徨失措的他選擇的第一種方式。他將自己正在進行的旅程，以及過去未曾提起的話語，寫進印有異國風景的明信片，藉此傳達給父母、朋友。明信片上密密麻麻的文字，是他「表現自己」的開始。

他選擇的第二種方式，是與當地人交朋友。對於怕生、英文不好的他而言，要跟初次見面的外國人搭話，甚至成為朋友，無疑是一大挑戰。他在市中心徘徊了數小時後，回到住宿處，結果竟是沒跟任何人說到話。隔天，他仍繼續徘徊，花了數小時與自己交戰。爲了開口說出大腦認爲自己絕不可能說出口的話，他默默在想像世界預演無數次；爲了打倒難以跨越的高牆，他不曾停止嘗試。

我們透過不同管道獲得知識，如閱讀、看電視、上網等，甚至連發生在別人身上的故事，也存在值得吸收的知識。然而，這些都是被動地從外部汲取知識的方法。與此相反的是，透過自己的經驗與想像，同樣也能獲得知識。使用第二種方法，靠自己想像、經歷，自然就能醞釀成自己獨有的知識。

當我們遇到困難時，總盼望有個超凡的「導師」為你我的人生指引明路，或祈求天上掉下來的幸運眷顧，讓一切都能在眨眼間解決。然而，這種事幾乎不可能發生，想得到出乎意料的好運，實在太難了。

其實，當下唯一能相信的「導師」正是自己一直以來累積的經驗、想像、知識。面對困境或煩惱時，機智地結合這些經驗、想像、知識解決問題的過程，就是「融會貫通」。由外部接收的知識、想像、經驗，點滴累積於內在，促進自我省思，即為啓動嶄新可能性的開關。

對我們而言，融會貫通又是另一種知識的累積。換句話說，就是將過往累積的知識合而為一，再藉此誘發新的體悟。

舉例來說，試想決定窮遊後，準備前往買鞋的問題。可以選擇先上網搜尋了解相關資料，或詢問有旅行經驗的人。有人推薦登山鞋，有人推薦健行鞋，為了走得長遠，需要一雙既牢固又能減輕雙腳負擔的鞋。即使以各方情報為判斷標準，挑了雙機能性十足的鞋，仍因為走了太久的路，導致腳上長滿水泡，腳踝也疼痛不已。經過數趟旅行後，我理出了一個結論：無論再好的鞋，只要不適合自己腳都沒用。然而，正確答案則是，穿上手邊最舒服的那雙鞋就可以出發了。

不過，偶爾的確得買新鞋，個人建議買雙有點氣墊的鞋爲佳。當然也得考慮腿部特性，若是沒肌肉的腿，略硬的鞋底會比彈性十足來得好，一開始疼痛會沿著腳踝、小腿、大腿而上，但只要適應後，就會覺得相當舒適。此外，爲了預防雨天，記得選擇速乾的鞋或帶雙輕便拖鞋；不然，穿著拖鞋，然後將濕鞋掛在背包後側，也是個不錯的方法。

諸如此類的「融會貫通」，都是在吸取一定知識後，再自行透過不同方向去蕪存菁，萃取需要的部分。試著融會貫通對未來與夢想的想法，釐清自己最根本的渴望。**具備基本融會貫通的能力，才能確實向別人表達自我意識**。如果不這麼做，永遠只會是擁有知識的人罷了。融會貫通，是能跳脫既存知識、經驗、想像的藩籬，成就圓滿的方法。

**第七階段** self check!

你現在對什麼感興趣？

是否存在同時嘗試各種興趣的辦法？

不好好統整融會貫通與各種體悟的話，我們很快就會忘記過程曾帶來什麼變化與刺激。

## 〈第八階段〉統一整理

他重新找回自信。一人走在前頭引領方向、向陌生人問話與聊天，無論吃飯或喝茶，哪怕只是一句話，也想找機會和別人交談。隨著環繞自己的巨大圍籬自然瓦解，對萬事萬物的心態也變得開放，甚而找回失去的信心。

結束數日旅行返韓後，我們決定慢慢整理一下這段實際很短，感覺卻很長的旅程。於是，我們好好記錄了行前在韓國的一切，以及在旅遊地發生的故事。恰如吃完飯需要時間消化一樣，旅行亦然。藉由整理所見所聞，找到自己想要的東西，並熟悉何種情況能有助於實現夢想。

成長於不允許孩子做任何事的父親，與一切都幫孩子安排妥當的母親之下，他失去表現自己的機會，促使他傾注全力追逐人生目標「向世界證明自己是個有用的人」。相較專注於應盡的義務與學業，質疑自我存在價值的念頭，苦苦糾纏著他，根本提不起勁做其他事。然而，他卻在旅程重生，開始對新事物感興趣並樂在其中。

相反，一旦無法確實傳達「自我表現的欲望」，他就會立刻變得悶悶不樂。透過重新認知自我的過程，結合手邊可用資源與想做的事，又向自己眞正想達成的目標再邁進一步。因此，他重新感覺快樂，也找回了自信。

有時我在ＳＮＳ看到有趣的東西，就會想立刻轉傳給朋友，朋友們當然也是看得捧腹大笑。只是時間一久，再次提及同樣的幽默，大多數的人便不再覺得好笑，一來是時間無法原封不動地保留幽默，二來是同樣的幽默穿過回憶裡密密麻麻的小洞，餘下的部分早已與初次記憶有所差異。就像與深愛的人悲慘地分手後，往往只會忘記傷痛記憶，一而再地浮現幸福回憶，甚至連自己對對方痛恨至極的記憶也忘得一乾二淨，一心只希望他能從此過得幸福快樂。

夢想，也是如此。歷經無數煩惱，付出無盡努力，才總算實踐的夢想，也不會存在我們記憶裡太久。如果不整理好夢想，轉眼間就會消失不見，忘卻自己用了什麼方法找到眞正想做的事，忘卻選擇什麼方法輕鬆解決阻礙夢想的困境。因此浴火重生後，請務必好好花時間統整一切過程。

**第八階段** self check!

1. 你的想法、習慣、樣貌等，是否有過改變？
2. 什麼促使人生產生改變？什麼環境、與什麼人一起、思考什麼東西，會促使這些改變？

## 〈第九階段〉心領神會

清楚自己想要的是什麼後，爲了付諸實踐，可以選擇許多不同方法。統整迄今的一切想法，以此爲基石，發揮「心領神會」的力量吧！

最近的他，過得格外快樂，能大方地站在大家面前發表自己的想法，也爲了實現夢想，埋頭撰寫計畫；一邊規劃屬於自己的空檔年藍圖，一邊努力修習人文學相關課程。現在的他，開始知道什麼是適合自己的方式。儘管爲了如實表現自己，得面臨許多難事，他也自信能透過計畫，一個接一個地解決問題。先創造能表現自己的機會，再實踐事先安排好的計畫，就是適合他的最佳方案。

此外，他清楚如果想實現計畫，得先脫離身邊會幫助自己的人，逼自己學會絕處逢生的能力；也清楚必須透過事前無數次的模擬，才能在面對實際狀況時，盡力完成，換得最好的結果。不再焦躁不安的他，確信無論置身何方，都能憑藉一己之力找到屬於自己的路。

整理完畢後，需要一段「心領神會」的時間，專注於「認知」自己需要什麼與感受「興趣」兩者。當興趣漸失，再透過蒐集資訊，以及融會貫通自己的經驗、想像、知識等過程，找到適合自己的方法並反覆練習，幫助身體適應這樣的節奏。

常被我們稱爲達人、高手、能人的人，大多都是藉由這些過程，領悟屬於自己的獨門祕訣。試著將適合自己的方法用於各種領域與不同問題，或許，不知不覺也能聽見他人稱呼你爲「高手」。總而言之，找到適合自己的方法，熟能生巧吧！

**第九階段** self check!

1. 是否有熟能生巧的經驗？你認為能完成該件事是什麼原因呢？
2. 這個原因是否適用你現在想做的事？

## 〈第十階段〉散播養分

完成心領神會後，你已經搖身一變成爲另一個人了。大家都好奇你的轉變，此時，你只要好好散播養分即可。

「努力，永遠不會背叛你。」

一年後，我收到他的來信。他現在是個作家兼小型樂團成員，之後還想挑戰演戲。曾經連選擇一件事都難如登天的他，現在竟成爲全方位的藝術家。更令人驚訝的是，聽到他成爲後輩的「導師」的消息。他說，不知道是否受到自己影響，身邊突然多了很多人選用不同方式進行空檔年。於是，我在回信中寫道：

「謝謝你，讓我找到自己從事這份工作的原因。」

只要找到適合自己的方法，然後不斷努力，總有一天會有人上前詢問你正在做的事，好奇怎麼做才能像你一樣，而你只要把自己迄今知道的技術、祕訣、問題、苦惱、解決方法、注意事項，像養分般散播予對方即可。越是散播，越是分享，你的人生也會變得更加精采。

經過十個階段後，可能會覺得第四件任務耗費的時間最多。特別注意的是，這系列的過程，不一定要按順序進行，重複練習同一階段也可以。無論發生任何事都沒關係，總會走到最後一步。何況，完成這趟旅程的你，已經是最棒的了！

**第十階段** self check!

1. 是否為了自己，從頭到尾完成一件事？
2. 完成「空檔年」的此刻，是否想過未來再挑戰什麼事呢？

# 【後記】做想做的事，享受活著的幸福

前往韓國Gap Year辦公室上班前的清晨，是我最快樂的時光。每當看見穿透窗戶的陽光時，總令我憶起曾在聖托里尼島感受過的幸福。聖托里尼島，是個讓人心裡會不斷漫溢幸福感覺的地方。

旅行，送給我許多禮物，尤以「打不倒」這份禮物最爲受用。即使遭受連續刺拳攻擊，卻又能在倒下瞬間，萌生重新起身的力量。

開始韓國Gap Year的時期，是冬天。只有一部暖氣機的辦公室，非常寒冷；辦公室外的廁所水管甚至出現結凍的情況，根本無法洗手。可是，我還是覺得很開心。每到星期一，總爲可以上班感到興奮不已，只因我做著自己想做的工作。儘管沒有經驗、實力、金錢，單純因爲是自己想做的事，快樂的感覺時刻充實於胸口。那份快樂，直到現在仍不曾停止。

雖然我是大家公認的工作狂，但每年總會出現一次累倒的情況，全因自以爲年輕，而過度虐待自己的身體。身體狀況眞的很差時，再強的意志也無用武之地。除了這些日子，我從不曾缺勤。看著拚死也要勉強起身上班的自己，才知道原來「打不倒」還有另一個名字：責任。

因爲無數人的援手，我才有辦法走到今天。資本額韓幣三萬元的公司之所以能撐到現在，我想，是因爲韓國Gap Year豎起改變世界的第一支旗幟。當我勇敢說出心中滾燙不已的想法時，言語便成了飄揚的旗幟，凝聚朝著旗幟而來的志同道合之士。

「我們這樣做吧！我們那樣做吧！」語畢，便能從聽見這番話的一百人中，吸引一人找上門。我用盡全力在四處發表想法，於是，又從在某處聽見這番話的一百人中，吸引一人找上門。最後，一人變兩人，兩人變十人，十人變百人，百人變千人。

看見大家透過空檔年找到自己的路，那種快樂的感覺，是任何東西都交換不到的。體驗過空檔年的人，時不時都會傳訊息給我。他們異口同聲地表示，空檔年給了他們永生難忘的回憶、與眾不同的經歷、好好思考的機會。

「雖然不能誇張地說空檔年完全改變我的人生，但的確改變我對人生的態度，與具體化看世界的視角，讓原本單調乏味的我的人生變得繽紛。現在還不清楚回韓國後要做什麼，但我知道自己想把生命花在有意義、有價值的事上。」

「待在巴黎的那段時間，是我人生獨一無二的經驗，也是最快樂的時光。我找回被遺忘好久的藝術渴望，也得到許多好的靈感。在這裡遇見的人、與他們分享過的故事、與他們一起看過的景色，全部成爲最寶貴的回憶。」

「最後才發現過去囚禁我的不是別人，正是自己……但我想，這個領悟來得還不算太晚。著手進行這份計畫後，我將『包容』定爲基調，決定敞開心胸接受一切！偶爾當然還是會見到略顯生澀的自己，不過，藉由這次經驗，我眞的感覺自己有所成長。」

「遇見難以數計的人，接觸難以數計的價值觀，讓我不禁反思自己究竟是個擁有什麼價值觀的人，幫助自己的思維層次更上一層樓。兩個月的空檔年活動，我感覺自己變得成熟許多。」

空檔年，是讓人品嚐人生全新滋味的無價時間。藉此，我想說一段關於祕魯料理的故事。我一直無法忘卻在祕魯吃過的一道料理，即源自墨西哥，傳到祕魯後才被發揚光大的「酸橙汁醃生魚」（Ceviche）。即使從來不曾吃過這道菜，我仍因它是祕魯最具代表性的食物慕名而至。我在菜單的開胃菜區看見它的身影，便果斷點了一份。等到酸橙汁醃生魚上桌後，我只覺得眼前是道「檸檬生魚片拌菜」。就外表而言，不過就是在普通生魚片上，加了一些洋蔥絲、檸檬汁、調味料，看起來非常空虛。名聞遐邇的料理，不過爾爾。我收拾原有的期待，吃了一口。

「咦？這是什麼？」

我又吃了一口。吃著吃著，不知不覺已清空眼前的料理。天啊！如果用一句話形容這道菜，就是「好吃到不行」。有別於外在，眞的是道非常開胃的料理。我甚至開始覺得，再沒什麼比在旅行地嘗試新料理更具挑戰性了。

恰似誘發食慾的酸橙汁醃生魚，空檔年也是能喚醒人生眞正味道的驚奇時光。因此，請不要太擔心，只要鼓起勇氣，就能擁有一段只爲自己而活的空檔年時間。

享受只有你的空檔年吧！那麼，就能**找到你存在的理由**。無論置身何時、何方，我們都會全力支持你的空檔年！

國家圖書館出版品預行編目資料

旅行是最好的學習／安時俊著；王品涵譯 ——初版
——臺北市：大田，2018.03

面；公分．——（Creative；127）

ISBN 978-986-179-519-5（平裝）

177.2 106025481

Creative 127

# 旅行是最好的學習

安時俊◎著
王品涵◎譯

出版者：大田出版有限公司
台北市 10445 中山北路二段 26 巷 2 號 2 樓
E-mail：titan3@ms22.hinet.net http：//www.titan3.com.tw
編輯部專線：（02）2562-1383 傳真：（02）2581-8761
【如果您對本書或本出版公司有任何意見，歡迎來電】
行政院新聞局版台業字第 397 號

總編輯：莊培園
副總編輯：蔡鳳儀 執行編輯：陳顗如
行銷企劃：古家瑄／董芸
校對：黃薇霓／金文蕙
印刷：上好印刷股份有限公司（04）2315-0280
初刷：2018 年 03 月 01 日 定價：380 元
國際書碼：978-986-179-519-5 CIP：177.2/106025481

總經銷：知己圖書股份有限公司
台北：106 台北市大安區辛亥路一段 30 號 9 樓
TEL：（02）23672044 ／ 23672047 FAX：（02）23635741
台中：407 台中市西屯區工業 30 路 1 號 1 樓
TEL：（04）23595819 FAX：（04）23595493
E-mail：service@morningstar.com.tw
網路書店 http://www.morningstar.com.tw
讀者專線 04-23595819 # 230
郵政劃撥 15060393（知己圖書股份有限公司）